普通高等教育艺术设计类
"十三五"规划教材

Corporate Image Design
企业形象设计

主　编　王丽英　樊文君
副主编　丁　洁　边少平

中国水利水电出版社
www.waterpub.com.cn

内 容 提 要

本教材注重理论与实践性相结合，从企业形象识别系统（CI）这一大概念入手，深入详细地讲解了企业形象设计（VI）的相关知识点。全书共分 6 个章节，内容包括 CI 概述，CI 策划与设计，VI 基础系统设计，VI 应用系统设计，VI 手册的设计、制作与管理，以及 CI 的导入、实施、管理与扩展。全书图文并茂，结合生动详尽的案例分析，旨在提高学生的综合能力。

本教材适合高等院校、高职高专、成人、函授、网络教育等艺术设计类专业师生作为教材或教辅使用，也可供有兴趣的读者参考学习。

图书在版编目（CIP）数据

企业形象设计 / 王丽英，樊文君主编. -- 北京：中国水利水电出版社，2015.3（2019.9重印）
普通高等教育艺术设计类"十三五"规划教材
ISBN 978-7-5170-3052-2

Ⅰ．①企… Ⅱ．①王… ②樊… Ⅲ．①企业形象－设计－高等学校－教材 Ⅳ．①F270

中国版本图书馆CIP数据核字(2015)第059605号

书　　名	普通高等教育艺术设计类"十三五"规划教材 **企业形象设计**
作　　者	王丽英　樊文君　主编　丁洁　边少平　副主编
出版发行	中国水利水电出版社 （北京市海淀区玉渊潭南路1号D座　100038） 网址：www.waterpub.com.cn E-mail: sales@waterpub.com.cn 电话：(010) 68367658（营销中心）
经　　售	北京科水图书销售中心（零售） 电话：(010) 88383994、63202643、68545874 全国各地新华书店和相关出版物销售网点
排　　版	中国水利水电出版社微机排版中心
印　　刷	北京博图彩色印刷有限公司
规　　格	210mm×285mm　16开本　7.25印张　206千字
版　　次	2015年3月第1版　2019年9月第2次印刷
印　　数	3001—5000册
定　　价	**38.00元**

凡购买我社图书，如有缺页、倒页、脱页的，本社营销中心负责调换

版权所有·侵权必究

QIANYAN 前　言

本书主要根据高等院校的办学理念、人才培养计划、目标、课程体系、教学内容、教学模式及学科建设等方面的要求，系统阐述企业形象设计的相关知识。要求学生在掌握企业形象设计相关内容的基础上能够运用适当的设计构思独立完成市场需求的设计工作。

本书在内容上着重以理论为依据引用大量中外及学生设计的实际案例全方位、详细地介绍了每一个设计的步骤、内容及与之相关的知识点。在第一章概述中通过4课时梳理CI的历史脉搏；第二章CI策划与设计中通过4课时讲述设计调查与CI策划寻找其操作程序与方法；第三章VI基础系统设计中通过20课时讲述VI设计中基础系统的各大要素；第四章VI应用系统设计中通过20课时讲述应用系统中的理论和具体实例；第五章VI手册的设计、制作与管理通过8课时详细介绍了手册的内容构建形式、信息表达方法和艺术表现风格等内容；第六章CI的导入、实施、管理与扩展中通过4课时讲述应用系统中的理论和具体实例。在整个教材的讲解中我们都本着力求简单、讲透、明白的原则。使学生能够根据企业形象设计的程序，系统、完整地进行设计。

本书具有一定的前瞻性、时代性、应用性和示范性，适合作为高等艺术设计教育教学专业的教材。同时，在促进设计和艺术交流方面，为设计者提供实用性蓝本。当然，在此之后我们会努力不断地反思，使创意始终保持鲜活旺盛的生命力，以编写出适应和满足设计的更高要求的书籍。

在本书的创作过程中，大量案例被分门别类地从系列参考资料和网站中收集整理出来，有新颖前卫、预示时代流行特点的有影响力的作品，也有教学实践中学生创作的优秀作品。由于种种原因，书中引用的作品未能一一署名。在此，谨对所有收集在本书中作品的设计者及所有对于本书编著给予大力支持的相关人士表示衷心的感谢！

虽然编写组付出很多努力，倾注了不少心血，但因水平有限，时间仓促，文中难免会有不足之处，还请专家、读者给予批评。

编者
2015年1月

MULU 目 录

前言

第一章　CI 概述
第一节　CI 的概念及形成历史 …………………………………………… 1
第二节　CI 的构成及设计原则 …………………………………………… 4
第三节　现代 CI 的发展趋势 ……………………………………………… 8

第二章　CI 策划与设计
第一节　形象建设的目的与动因 ………………………………………… 9
第二节　设计调查 ………………………………………………………… 10
第三节　形象定位 ………………………………………………………… 12
第四节　概念表述 ………………………………………………………… 12
第五节　开发项目的设定 ………………………………………………… 13
第六节　品牌名称的命名 ………………………………………………… 13

第三章　VI 基础系统设计
第一节　标志设计 ………………………………………………………… 16
第二节　标准色设计 ……………………………………………………… 37
第三节　标准字体和印刷字体 …………………………………………… 43
第四节　辅助图形设计 …………………………………………………… 49

第四章　VI 应用系统设计
第一节　办公事务系统 …………………………………………………… 61
第二节　产品包装系统 …………………………………………………… 68
第三节　礼品 ……………………………………………………………… 69
第四节　旗帜设计系统 …………………………………………………… 70
第五节　环境识别系统 …………………………………………………… 73
第六节　交通运输系统 …………………………………………………… 77
第七节　服装服饰系统 …………………………………………………… 78
第八节　销售空间与展示系统 …………………………………………… 81
第九节　广告媒体系统 …………………………………………………… 81

第五章 VI 手册的设计、制作与管理

- 第一节　设计目的及作用 ·· 85
- 第二节　类型 ·· 86
- 第三节　内容 ·· 86
- 第四节　目录及分级管理 ·· 88
- 第五节　图示规范与说明 ·· 89
- 第六节　管理与维护 ··· 91
- 第七节　教学与设计实例 ·· 91

第六章 CI 的导入、实施、管理与扩展

- 第一节　CI 的导入 ··· 96
- 第二节　CI 导入的基本程序 ··· 98
- 第三节　CI 的实施步骤 ··· 101
- 第四节　CI 的管理 ·· 104
- 第五节　CI 识别形式的扩展 ·· 105
- 第六节　设计实例 ··· 108

参考文献 ··· 110

第一章 CI 概述

教学目标与要求：

本章通过梳理 CI 的历史脉搏，使学生了解 CI 的形成过程，理解 CI 对不同时代企业的发展起到巨大的历史推动价值，从而产生学习 CI 的浓厚兴趣。

21 世纪企业的竞争形式已从单纯的产品竞争、管理竞争、广告竞争、人才竞争转变为企业形象的竞争和品牌的竞争。CI 设计是塑造企业形象的最佳战略，是信息时代企业竞争的主要手段之一。要了解如何在信息时代建立可持续发展的企业形象战略，就必须从 CI 设计教育入手，加强 CI 理论的学习和研究，做到理论联系实践。以服务企业为教学宗旨，探索 CI 设计教学之路是时代发展所要求的必然之路。

第一节 CI 的概念及形成历史

一、CI 的概念

"CI"一词源于美国，在英文中可以有两种理解，一种理解是"Corporate Image"的缩写，直译成中文为"企业形象"，另一种是"Corporate Identity"的缩写，一般被译为"企业识别"。

从深层角度来看，"Corporate Image"（企业形象）所表达的意思与"Corporate Identity"（企业识别）相比稍显表面化，因为对于一个导入 CI 的企业来说，面对纷繁复杂的市场不仅仅是要展现出形象，更重要的是必须能够显现给人们一种身份和个体特殊性的定位，也就是说，CI 从本质上来说，它是一个企业伸向社会的一张名片，或者说是身份证，Identity 的含义恰好可以准确地表达，Identity Card 即为身份证。这是一个由国外引入到中国的概念，是指如何运用综合的设计手段从各种角度完整地表达一个企业的良好形象。CI 也被简称为 CIS，英文全称为：Corporate Identity System，译为：企业形象识别系统，在我国也称为 CI 设计。

享有"亚洲 CI 之父"美称的日本中西元男先生在《经营策略的设计统合》一书中，曾经给出 CI 的定义："意图地、计划地、战略地展现出企业所希望的形象；对本身而言，通过公司内外，来产生最好的经营环境，这种观念和手法被称作 CI。"企业经营主要从人才、物力、财力和情报入手。对企业来说，创造出更多的开发力，是更为重要的资源。

从学术研究的角度，参照《视觉传达设计》中的阐述："考虑到更为广泛人士，我们在此将 Corporate Identity 译成企业形象一体化设计。""CI"的概念界定为"企业形象一体化设计"，它是指对企业的经营理念、价值观念、文化精神的塑造过程，借此形成和改造企业内部的制度和结构，并通过企业的视觉设计，将企业的经营理念、价值观念、文化精神物化为可视化并具有可识别性的形象，同时有目的、有计划地传播给企业内外的公众，从而达到公众对企业的理解、关注、支持与认同的目的。

二、CI 的起源

CI 是 20 世纪 60 年代起源于美国，70 年代发展于日本，80 年代传入中国香港和台湾地区，90 年代传入中国沿海地区，成为现代企业跨越式发展升级的关键因素。在我国也只是在 90 年代经历了十余年的繁荣期后便趋于平淡。

图 1-1　北宋时期"刘家功夫针铺"

翻开《世界现代平面设计史》可以知道，如果从企业利用商标和其他标志树立自己的形象算起，这种类似于今天的"CI"的手法大约可追溯到数百年前。欧洲从 1700 年前后就开始有商标了，而在中国出现得更早。我国北宋时期的"刘家功夫针铺"广告便已经包括所有现代企业形象及其广告设计的基本元素，如企业商号、产品商标、商号地址、广告语、服务保证和销售办法等（见图 1-1），比西方印刷广告早 300 多年。

符号一旦与公司或产品形成了某种固定的联系，它就成了公众认可的符号，整个 CI 系统就是一系列符号的集合，这些符号的有效传播可以代表 CI 系统逐渐导入企业。直到 20 世纪初，一些企业开始有意识地重视企业和商品的标志。1907 年，著名建筑设计师彼得·贝伦斯为德国 AEG 通用无线电器公司设计标志，并印在信纸、信封等办公用品上，被视为现代企业形象设计的开端（见图 1-2）。

图 1-2　AEG 通用电气标志及产品应用（彼得·贝伦斯）

可口可乐标志及饮料瓶的设计是美国工业设计之父雷蒙德·罗维 20 世纪 30 年代的成功之作。该设计以白色作为字体的基本色，并采用飘逸、流畅的字形来体现软饮料的特色。深褐色的饮料瓶衬托出白色的字体，十分清爽宜人，加上颇具特点的新瓶造型，使可口可乐焕然一新，畅销全球（见图 1-3）。

图 1-3　可口可乐公司企业形象识别设计（雷蒙德·罗维）

1947 年，平面设计家奥瓦尼·平托里为意大利 OLIVETTI 公司设计了企业名称的标准字体，这一设计广泛运用于与公司有关的名片、文具、企业报告、产品机械设备、车辆、展览看板、反复出现，使人形成强烈视觉记忆印象，形成一套完整而又具有视觉效果的企业形象系统，具有划时代意义。而形象简洁、新颖，注重产品与售货环境的经营理念也使该公司在市场上获得成功（见图1-4）。

图1-4　MI打字机的产品广告（奥瓦尼·平托里）

20世纪50年代以后，美国等西方国家的工业和商业蓬勃发展，国际自由贸易市场竞争日趋激烈，继而一些发展中国家也加入竞争行列。大家千方百计推动科技进步并加速科技成果向商品生产的转化，使生产力迅速提高，社会商品种类和数量大幅增加，刺激了消费市场。这时的消费者，不仅不满足于以往物美价廉的追求，还开始关注逐步往服务性消费和商品自身及附加值。这种趋势迫使商品生产者和商品经营者在提供优质商品的同时，还要在市场开发、产品开发、促销及售后服务等方面开辟新的经营之道。另外，由于市场竞争而诱导企业内部经营范围的变更、机构的改组、兼并与被兼并等，都需要寻求一种新的方法来强化企业的存在价值，增进员工的向心力，为开拓市场和追求最大的经济效益发挥每个员工的作用。

1950年美国专业设计刊物《图案》杂志首次使用"Corporate Identity"这一术语；正式导入企业识别系统的是著名的IBM（International Business Machines Corp，国际商用机器公司）圆形图案并标示了公司全称（见图1-5）。

1952年，IBM公司的推销员抱怨竞争对手意大利OLIVETTI公司的说明书设计精美，自己的说明书粗糙难看，影响产品的推销。

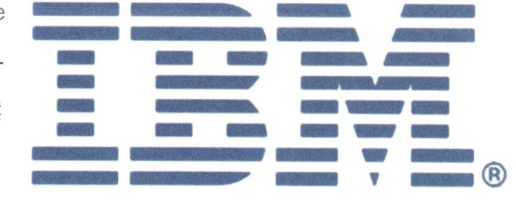

图1-5　IBM公司的标志（保罗·兰德）

总裁小托马斯·沃尔森参观了意大利OLIVETTI公司的纽约展厅深有感触地说："人有人格，人格是由教养、思想、趣味、嗜好、信仰组成，决定了人的行为规范和穿着打扮，这与公司是一个道理的。"这算是具有人性战略思想的。小托马斯·沃尔森敏锐地觉察到开展企业存在价值的心理攻势是拯救企业、开拓市场的灵丹妙药。IBM公司的LOGO被誉为现代企业标志（CI）的先驱，它是1956年由设计师保罗·兰德（Paul Rand）设计的。当时，在第二次世界大战后经济重建期快速增长的企业正值进入激烈竞争之前的休整期，许多企业开始关注产品与品牌设计。IBM由保罗·兰德负责LOGO等品牌设计，由艾略特·诺伊斯（Eliot Noyes）负责产品设计的体系。而由保罗·兰德负责的品牌设计逐渐对产品设计产生了巨大影响。随着品牌形象的具体化，产品设计也渐渐被限制在了那个框架内。1956年三个字母的新标志"IBM"问世，它揭示了在当代社会中标志设计的最基本原则，就是"简明醒目"。不少公司仿效，例如开采与制造公司的"3M"标志。麦当劳的"M"标志，堪称典范。

20世纪80年代末，中国的社会主义市场经济模式确定，CI逐渐引入和盛行。中国CI的特点在于企业由于受到计划经济体制的束缚，意识不到统一形象对企业形象传达的重要性，广告经常做，却始终没有统一规范，设计者无用武之地，基本上局限在单一媒体的设计表现上，广告设计就事论事的表达，包装设计忽略对企业形象的全方位整体设计的表现。而市场经济体制的建立，使企业面临国际竞争的巨大市场环境，迫使企业先后导入一批极具个性的企业形象，如图1-6所示为太阳神、中国银行、中国建设银行、中国农业银行、北大方正等。

图1-6 太阳神集团标志及形象广告

第二节 CI的构成及设计原则

一、CI系统的基本构成

长期以来，中国对于CI设计一直存在误区，直接将CI设计片面地理解为对于企业形象的视觉识别。实际上CI设计是将企业的形象运用各种传达方式从各个角度展现在消费者面前，一个企业完整的CI设计包括理念识别（Mind Identity，MI）、行为识别（Behavior Identity，BI）和视觉识别（Visual Identity，VI）三方面。

1. 理念识别（MI）

MI是CI的核心和起点。它是确立企业独具特色的经营理念，主要包括：企业精神、企业价值观、企业信条、经营宗旨、经营方针、市场定位、产业构成、组织体制、社会责任和发展规划等，属于企业文化的意识形态范畴，从该意义上说，CI是雕塑企业灵魂的系统工程。

2. 行为识别（BI）

BI是CI的物化。观念形态上的企业理念必须通过企业行为的实施来进行传播，才能变成人们看得见摸得着的客观存在。它是MI对企业运作方式所作的统一规划而形成的动态识别形态。

3. 视觉识别（VI）

VI是CI的具体化、视觉化、符号化的过程，是将CI的本质表象化的结果，以此塑造企业的形象，体现企业的个性，形成企业独特的风格，并通过各种传播方式，最终将企业形象在人们心目中树立起来。视觉识别系统分为基本要素系统和应用系统两方面。

MI、BI、VI同属于CI系统这个范围，三者是相互协调和相互作用的，因此我们要对其有一个整体的认识。一个人要想给人以良好的第一印象，取决于他是否具有光彩、个性的仪容仪表。一个企业或机构良好形象的树立，则需要用视觉识别独特的"美容术"把企业装扮的富有个性，充满活力。在构成CI战略的三根支柱中（见图1-7），我们通常把企业理念（MI）比做"心"，把活动识别（BI）比做"手"，把视觉识别（VI）比做"脸"，从这种比喻中不难看出三者之间的密不

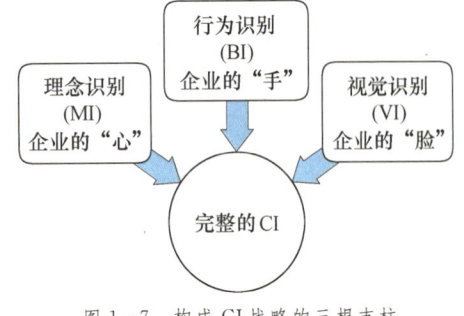

图1-7 构成CI战略的三根支柱

可分的关系以及视觉识别在展现企业风采、塑造企业形象中的地位与作用。以上三者的关系通俗表示为：CI＝MI＋BI＋VI。

CI 设计的核心是企业内涵和外在形象设计的一致和融合。一个优秀的 CI 设计应该是上文所述理念识别、行为识别、视觉识别的和谐统一。

二、CI 的设计原则

1. 同一性

CI 设计的基本内容之一是形成统一的企业识别系统，使企业形象在各个层面上得到有效的统一，如企业理念识别（MI）与行为识别（BI）、视觉传达识别（VI）的整体统一，以企业理念为灵魂、精髓、核心，向行为识别系统和视觉识别系统扩展，三者相互联系，形成一个密不可分的有机统一体。

企业在导入 CI 战略的过程中，不能只注意外观设计，忽视企业的经营管理活动和企业文化建设。CI 战略的整体统一，还反映在企业内、外活动的整体性。CI 导入的过程是企业形象进行调整和再创造的过程，这样必然引起企业内思想观念的更新，企业理念的重新整合和定位。而这些都必须取得企业内部职工的理解、支持和合作，还要得到外部社会公众的理解、支持和认可，使企业形象扎根在社会公众的心目中。

为了达成企业形象对外传播的一致性与一贯性，应该运用统一设计和统一大众传播，用完美的视觉一体化设计，将信息与认识个性化、明晰化、有序化，把各种形式传播媒体上的形象统一，创造出能储存与传播的统一的企业理念与视觉形象，这样才能集中与强化企业形象，使信息传播更为迅速有效，给社会大众留下强烈的印象与影响力。

对企业识别的各种要素，要予以标准化，采用同一的规范设计，对外传播均采用同一的模式，并坚持长期一贯的运用，不轻易进行变动。

要达成同一性，实现 CI 设计的标准化导向，必须采用简化、统一、系列、组合、通用等手法对企业形象进行综合的整形。

(1) 简化。对设计内容进行提炼，使组织系统在满足推广需要前提下尽可能条理清晰，层次简明，优化系统结构。如 VI 系统中，构成元素的组合结构必须化繁为简，有利于标准的施行。

(2) 统一。把品牌和企业形象不统一的因素加以调整。品牌、企业名称、商标名称应尽可能地统一，给人以唯一的视听印象。这都是为了使信息传递具有一致性和便于社会大众接受。

(3) 系列。对设计对象组合要素的参数、形式、尺寸、结构进行合理的安排与规划。如对企业形象战略中的广告、包装系统等进行系列化的处理，使其具有家族式的特征，鲜明的识别感。

(4) 组合。将设计基本要素组合成通用性较强的单元，如在 VI 基础系统中将标志、标准字或象征图形、企业造型等组合成不同的形式单元，可灵活运用于不同的应用系统，也可以规定一些禁止组合规范，以保证传播的同一性。

(5) 通用。即指设计上必须具有良好的适合性。如标志不会因缩小、放大产生视觉上的偏差，线条之间的比例必须适度，如果太密缩小后就会并为一片，要保证大到户外广告，小到名片均有良好的识别效果。以此增强了企业形象的传播力。

2. 差异性

CI 设计的根本目标是全方位塑造个性鲜明的企业形象。因此，它归根结底是一种差异性的战略。可以说，个性化（差异性）是 CI 的灵魂和生命。只有独创的、有个性的东西，才有存在的价值，才有生命力；反之，就没有存在的价值。所以，企业在实施CI设计时，要注意形象识别的独创性和个性化，是CI策划与实施的关键。

在当今竞争激烈的市场环境下，企业如果不能因势利导，开拓创新，就可能被淘汰。企业形象为了能获得社会大众的认同，必须是个性化的、与众不同的，因此差异性的原则十分重要。无论是理念精神、行为规范，还是视觉识别，都要具有自己独特的特色和个性，差异性是CI功能发挥的重要条件，创造与企业竞争对手之间的差异性，是取得CI战略成功的重要因素。日本享誉世界的五大名牌电器企业：索尼、松下、东芝、三洋、日立，其企业形象均别具一格，十分个性化，有效地获得了消费大众的认同，在竞争激烈的世界家电市场上独树一帜（见图1-8）。

图1-8　索尼、松下、东芝、三洋、日立五大名牌电器的企业形象

3. 民族性

企业形象的塑造与传播应该依据不同的民族文化，美、日等许多企业的崛起和成功，民族文化是其根本的驱动力。美国企业文化研究专家秋尔和肯尼迪指出："一个强大的文化几乎是美国企业持续成功的驱动力。"优秀民族性的标志设计是把实用的制约转换成为新颖、独特的契机，以多重的素养功底和浓厚的文化知识积淀、以宽广的思维区域和深入浅出的智慧、以巧妙的构思完美地体现标志所要表达的视觉含义，使其成为一个区别于其他符号的独立生命。

中国传统文化是中国五千多年文化的积累和凝练，是深入每一位中国人头脑的文化认知。虽然人与人之间存在文化差异，但对于民族文化的认知确实可以达成共识，这就是中国传统文化在几千年传承过程中对人们所造成的影响。因而在企业视觉标识中融入民族性要素无疑可以拉近企业与消费者和客户之间的距离。进而为消费者认同企业产品、购买企业产品打下良好的基础。企业视觉识别中对传统文化要素的融入可以从图案、书法和造型三个方面入手。

(1) 图案。视觉识别中最能表达中国传统文化内涵的视觉要素中，图案对于文化内涵的表达更加符合普通大众对于文化情感的认知。在中国五千多年的文化发展历程中积累了大量具有文化内涵和情感色彩的图案标识，在企业的视觉识别中引入具有传统文化特征的图案要素无疑可以更加容易地引起观者的文化认同和情感认同。

例如，在中国国际航空公司的徽标设计中便融入了凤凰这一中国传统文化的典型图案，既表达了企业"凤舞九天"的豪情壮志，也增添了吉祥如意的情感。每一个看到这款徽标的人都会产生亲切感和认同感，这便是中国传统文化图案在视觉识别中所发挥的作用（见图1-9）。

(2) 书法。书法常被运用于视觉识别中的中国传统文化要素。由于书法本身是中国特有的文化形式，因此书法能够给人以厚重的文化认知和丰富的情感体验。在中国的许多企业视觉识别中都能看到对书法的运用。

例如，中国文联的会徽是由一个篆体的"文"字变形而来，设计者巧妙地利用篆书"文"字的笔画特征将"人"与"文"完美地融合到一起，凸显了以人为本的人文情怀，也体现了中国人文合一、以文载道的传统哲学思想，具有中国传统文化韵味（见图1-10）。中国的书法历史悠久、字体繁多，有着丰富的表现内涵，因此

图1-9 中国国际航空公司企业标志及应用

被用在几乎所有企业的视觉标识中。北京奥运会的会徽更是被精心设计成一方中国印，将中国厚重的历史和文化表达得淋漓尽致（见图1-11）。

图1-10 中国文联的会徽　　　　　图1-11 北京奥运会的会徽

（3）造型。造型也是一种常被运用于企业视觉标识中的中国传统文化要素，极具中国传统文化表现力的造型不仅可以用于企业徽标等平面设计，还可以用于企业产品的造型设计。例如茶米家品牌及应用设计，以精致简易的东方餐食为号召，让顾客在品茶用餐时，进入到另一层次的文化体验之中（见图1-12）。

图1-12 茶米家品牌及应用设计

4. 有效性

有效性是指企业经过策划与设计的 CI 计划能得以有效地推行运用和便于操作。一个好的 CI 公司，首先必须是一个好的咨询公司。单纯为了设计而设计，是不可能做出成功的 CI 设计的，因为 CI 其实就是企业文化的外部表现。既然是文化的东西，就无法量化，也不是简单的设计，需要对公司的文化基因进行精确的提炼。这就必然要求承担 CI 公司本身具备很高的咨询能力，要对企业的战略、经营、管理、企业文化、价值观等都能够掌握和理解，达成高度的一致，最终才能把 CI 做好。

例如，20 世纪 80 年代日本朝日啤酒公司在导入 CI 时，就进行了企业文化的挖掘与重造，同年开始推行"鲜度交替的管理"战略。（见图 1-13）当时，朝日啤酒新产品开发失败，市场占有率惨跌，公司经营陷入危机。新上任的村井勉田社长决心以 CI 运动重塑企业形象，先是挖掘了"消费者导向，尊重人生"的新理念，再由 CI 推行委员会推广这一新的理念。随着新标识的确定，新味道与新品牌啤酒开发，把企业全方位进行

图 1-13　日本朝日啤酒公司的企业形象

改造。现在，公司正在研究的管理方案，打算推出新的管理体制，准备向未来挑战。

企业 CI 计划要具有有效性，能够有效地发挥树立良好企业形象的作用，首先在策划设计上必须根据企业自身的情况，了解企业的市场营销的地位，在推行企业形象战略的同时确立准确的形象定位，然后以此定位进行发展规划。在这点上协助企业导入 CI 计划的机构或个人负有重要的职责，一切必须从实际出发。

要保证 CI 计划的有效性，一个十分重要的因素是企业主管有良好的现代经营意识，对企业形象战略也有一定的了解，并能尊重专业 CI 设计机构或专家的意见和建议。因为没有相当的投入无法找到具有实力的高水准的机构与个人。而后期的 CI 战略推广更要投入巨大的费用，如果企业领导在导入 CI 计划的必要性上没有十分清晰的认识，不能坚持推行，那前期的策划设计方案就会失去其有效性，变得毫无价值。

第三节　现代 CI 的发展趋势

现代企业大多因为短期利益、短视行为导致了 CI 缺少长期的执行力，最终半途而废。两个非常典型的现象：一是企业与 CI 公司没有长期的合作，缺少沟通；二是企业急于求成，CI 公司只好做一锤子买卖，导致了目前 CI 陷入了一种比较尴尬的局面。CI 已经进入一些人所说的衰亡阶段，这几年，成功树立的新品牌不是很多，几乎没有产生比较重要的品牌，但 CI 理论却更多被人们认识和讨论。新手尚未诞生，新企业不树立形象，新品牌就不可能长期维持，如何去解决目前还不是很明确，这导致了 CI 的低谷。

近年来在企业中越是那些曾经做过 CI 的企业越是重视 CI，这证明 CI 对于企业是有真正作用的。很多都是长年的客户，都是从一个项目做到全面合作，这也说明部分企业已经认识到，CI 是一个长期的、全面的战略合作。要从树立好形象价值出发，使产品和企业具备品牌效应，从而增强品牌的生命力。

我国国内许多中、小企业已认识到品牌将成为产品的一个重要组成部分，都纷纷注重品牌的打造，但许多品牌的生命力只能维持短暂的一段时间，主要原因是企业不能准确理解品牌内涵，在品牌创建之后，不能继续将其做活、做大、做强，从而增加品牌的生命力。一个新品牌是否具有生命力，将决定一个企业在市场竞争中能否生存和可持续发展。企业只有不断培育和增强品牌的生命力，才能强大企业，提升到一个国家自主品牌在世界品牌的竞争力。

第二章 CI 策划与设计

教学目标与要求：

本章通过讲述设计调查与 CI 策划寻找其操作程序与方法，使读者掌握科学的调查分析方法。设计调查作为 CI 策划的前提，创意是设计的表现。了解复杂的设计对象，整理其基本信息及概念表述，为创意设计铺垫必要条件。

第一节 形象建设的目的与动因

CI 是在经历了 100 多年资本主义市场经济，工业化高度发达的情况下产生的，无论是美国的视觉识别型 CI，还是日本的企业文化型 CI，都是在企业管理和产品质量趋于同质化的情况下产生的。在激烈的市场竞争中，企业之间生产力与销售力基本相同的情况下，形象力成为主要竞争形式。

一、企业新建或经营体制转变

我国系统形象设计的理论渠道主要来自中国台湾和日本，而中国台湾又多以学习日本经验为主。作为"舶来品"，日本型 CI 并不太符合中国企业的实际需求，中国 CI 专业机构可以说是凤毛麟角，管理咨询公司或文化企业管理公司又欠缺视觉识别（VI）设计专业技术，广告设计公司懂设计却站不到企业管理角度，这就使企业理念识别（MI）和行为识别（BI）开发只能绕道走，形成中国型 CI 深化发展的瓶颈。

目前，CI 中只有 VI 部分在中国得到广泛发展，因此，国内很多人理解的 CI 也多数指视觉识别设计（VI）部分，新建企业在新建之初就导入企业形象系统，把企业文化信息传播给社会公众，形成形象影响力。在变化万千的现代市场经济环境中，企业经营体制转变的情况时有发生，这就会导致企业最高决策层经营理念的变动。此时，就需要整合企业理念，建立统一的新形象。

二、企业领域的拓展与转型

当企业的经营领域逐渐扩大或者改变，企业产品结构向多元化发展时，企业原有的信息传播系统可能与之不适。这样就必须考虑重新导入企业形象系统，或充实新内容，以确保企业理念与视觉形象的适应与发展。

20 世纪 80 年代初期，广东太阳神企业成功导入了 CI 系统，配合经营策略及管理的同步推进，使企业由一个名不见经传的民办企业，一跃成为全国一流的综合型大企业。这一成功案例渲染了 CI 设计的神效，似乎 CI 成为拯救企业的王牌，各企业纷纷仿效，令 CI 设计风靡一时。当然，CI 设计绝不是包治百病的灵丹妙药。企业需要理性看待 CI 设计，不盲目使用 CI，80 年代的中国社会，严格说来还不是真正意义上的市场经济，在相对静止封闭的大环境以及社会需求比较单一的情况下，用有 CI 规划企业对战无形象企业，其胜败自然不是悬念。然而，一个企业的成功由诸多因素促成，长时间的稳步发展不是 CI 能承担的责任，CI 是企业经营发展的催化剂。

三、品牌开发与整合

企业经过长期发展，其原有品牌已不足以覆盖企业现有的业务及未来的战略延伸，有的企业的战略有了重大的转型，品牌的定位与内涵并没有跟上战略的变化。有的企业对整体形象这一无形资产缺乏观念上的认识，经营意识仍然围绕生产原地转圈，疏离市场、疏离消费人群。甚至，许多企业经营者以及 CI 设计者的思路仍然在沿袭旧的模式。

为了向消费者提供更多选择，企业往往需要采取多元化的品牌战略。通过企业品牌识别系统的建立，理顺品牌形象与企业整体识别的关系，使品牌策略配合企业的整体行销。

四、企业进入国际化经营的发展阶段

从 20 世纪 90 年代以来，随着经济一体化步伐的加快，各国经济相互联系与相互依赖的程度不断加深，几乎所有的国家都被纳入到国际分工体系中。与此同时，由于信息技术的革命和各国市场的日趋开放，国家间和企业间的竞争日益激烈。今在，跨国公司已经成为国际化经营活动最主要的载体。通过国际直接投资，跨国企业实施全球战略，在世界范围内开展贸易。随着企业实力的发展，原本立足于国内的企业实行跨国经营，市场环境条件的变化要求改变地域化的风格而采取国际化的企业形象。

五、企业原有形象陈旧落后、缺乏个性

在竞争激烈的今天，CI 自身的一成不变会使这个本应朝气蓬勃的新生力量难免呈现江河日下，未老先衰之态。一些传统企业虽然可能已拥有稳定的影响力，但它的理念、形象可能因为长久不变而显得滞后。同时由竞争带来的"同质化"使缺乏个性的企业无法脱颖而出，导致认知度不高。在这种情况下，需要对其理念与传播环节进行突破性的改变，要立足于市场，明确自身的性格与特色，建立形象识别，并将之有效地进行传播。

第二节　设　计　调　查

企业形象调查是了解企业在市场中的现状评估，是把握市场动向的一项具体性工作。调查分为日常调查和专项调查。

日常调查依赖于企业内部的所有与市场有关的人员，主要是指市场营销人员。市场营销人员每天居于市场之中，对市场的了解可以更细腻、更准确、更可信赖。

专项调查是依靠社会上的专项调查机构进行的，针对消费市场、消费者的调查。通过市场调查，一方面可以掌握大量的有价值的关于市场的信息，把握市场的未来发展方向，并认识到企业在市场中的地位。另一方面企业还可以通过调查向被调查者传输必要的信息，在一定的范围内让消费者了解与认知企业及其产品和品牌，让不了解企业的消费者或潜在的消费者对企业及产品有一定的认识。

一、调查内容

主要调查内容：对企业形象的信任程度；对企业形象的整体评价；对企业形象的前景预期；最为熟知的企

业形象；同类企业排名；受访者对企业形象相关影响因素的态度等。

(1) 企业现状调查

主要内容：文献调查、公司决策层调查、员工意识调查、企业自身形象调查等，如图 2-1 所示。

(2) 品牌资源调查

主要内容：企业命名原则和产品注册实施的应用。

(3) 视觉媒体分析

主要内容：立项定位编制 CI 手册和 CI 与企业形象管理的评估。

类别	项目	调查内容	问题设置
企业内部环境调查	企业自身形象	企业认知	企业经营范围
		品牌认知	企业名称、标识是否印象深刻
		整体形象	企业的优势表现在哪里
		基本形象	广告宣传力度是否大
		辅助形象	传播的文化内涵印象深刻
		产品评估	有较强的研发和创新能力
		社会责任	企业的公益活动
	经营状况	财务状况	对公司未来 5 年发展设想加以描述
		组织结构	公司管理层素质
		市场营销	企业在市场中的活跃度
	形象传播	对外传达	公司导入CI应当解决哪些问题
		表现效果	导入CI系统有什么期待
		对内沟通	对从事的工作感觉如何
	理念现状	企业使命	公司经营的核心精神
		活动领域	公司的活动现状与社会价值
		行动准则	公司的执行力度
企业外部环境调查	整体环境	国内、国际市场环境	对公司工作环境的评价
		政治、经济、文化环境	对公司企业文化和风气评价
	消费者分析	对企业现有的产品与服务认知	客服服务意识强
		对企业形象的认知	对公司商品的评价
	竞争对手	竞争对手的资料收集、分析与比较	市场竞争的未来评价

图 2-1 企业现状调查

二、调查对象

(1) 内部环境

内部环境主要是指企业的经营决策层、企业员工、部门负责人、员工家属等。经营的成败，企业的兴衰与决策层成员的素质有密切的关系。主要体现在"为人处世"的方面，及个人的人格魅力，如：个性、爱好、气质和经历有内在的联系。

(2) 外部环境

外部环境主要是指使用者、将来使用者、客户、交易对象中的法人代表及主要负责人、交易对象的股东、金融机构、零售商、批发商、流通部门、一般消费者、学生、有关地区的居民等。

三、调查方式

调查之前设立调查体系，从调查方法来看可分为探测性调查、描述性调查、解释性调查、预测性调查四种类型。从调查方式来看可分为抽样调查、访问调查、问卷调查、文献调查、参与调查等。事实上各个公司的经营理念和运作不同，企业应根据自身的实际情况加以选择，设定合适的调查体系。

1. 抽样调查

主要内容：企业认知度、广告接触度、企业形象评价等。

2. 访问调查

主要内容：有关决策层分工的问题，有关企业历史评价的问题，有关企业活动的问题，有关企业经营的问题，有关企业识别系统的问题等。

3. 问卷调查

主要内容：邮件问卷调查个人经历、教育背景、兴趣爱好、年龄、性别、收入等。

4. 文献调查

主要内容：对现成的资料加以分析，以获得专业资料。如公司文献、产品文献、公司手册、公司活动录像、专利证书、资格证书、广告文本、获奖证书、行业资料、政府资料等。

5. 参与调查

利用业绩资料分析调查。

第三节 形 象 定 位

在CI策划中，企业"形象的定位"主要是指"识别性"的定位，重在体现各企业的"个性"特点。形象竞争实际上是企业个性的竞争，缺乏个性与差别化是没有价值的。企业的相互竞争主要体现于同一行业中。在考虑到行业特征的基础上，CI的定位更应该注重体现企业的个性、风格与追求。

第四节 概 念 表 述

主要内容：实施目的、设计概念、关键语。

1. 实施目的

实施目的是指明所要达到的预期状态。

2. 设计概念

设计概念概括CI设计所要表现的思想倾向、设定一个中心概念。

3. 关键语

关键语是指用概括的话提炼核心设计要素。

CI概念是有关CI的企划书，也是对企业最高主管的建议书。主要表达总体企业形象设计思想、战略方针与精神的文本。概念所提供的意向如果集中于某一点，将会形成最为强势的个性特征。用关键性的词语来表示企业或品牌的概念是CI概念表述的直观形式。以CI概念为基础和准则，进而可以引导CI设计具体项目的开发工作，如图2-2所示。

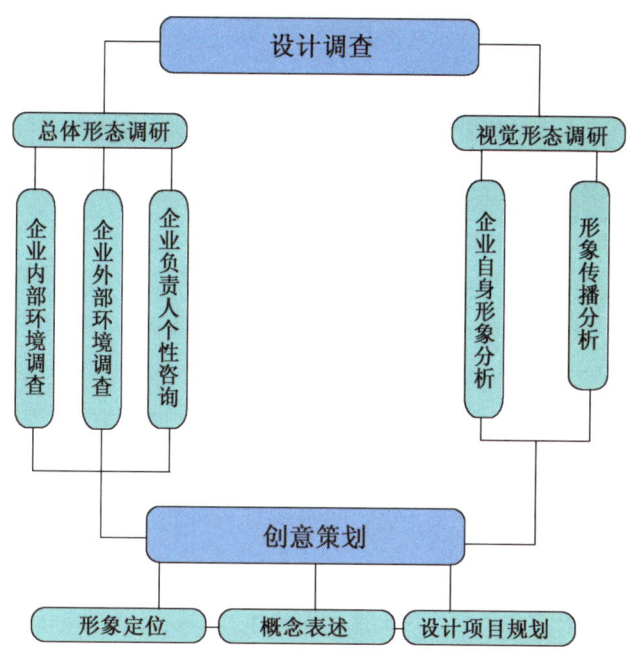

图2-2 CI策划与设计的程序

第五节 开发项目的设定

将设定的识别理念转换成系统的视觉传达形式表现企业的精神。这一阶段要确定CI手册中的标志、标准字、标准色等设计构思，需要设计尽可能多的方案，反复研讨、试作、修正，直至确定方案，以找到最佳的符合企业精神理念的视觉符号体系。确定基础方案后，进一步设计应用体系的延展设计方案。

(1) 将识别性的抽象概念转化为象征性的视觉元素。

(2) 开发基本设计要求，以奠定CI整体传播系统的基础。

(3) 以基本设计要素为基础，展开应用设计要素的开发作业。

第六节 品牌名称的命名

一、企业品牌名称的命名动因

中国传统强调内在美，企业的形象CI犹如人的外表，属于表面或次要的东西而往往不受重视。事实上，多数情况下人的外在形体、音容笑貌常常是内在精神的物质反映。对于企业来讲，企业文化和经营意识也同样会在商业经营过程中反映出来，给受众留有一定的印象。CI的使命就是让企业在商业竞争人潮中利用一切机会积极主动地展现自我，利用各种可能被感知的感官、语言张扬个性，让企业被看到、被听到、被注意、被喜欢、被记住。

酒香也怕巷子深，以貌取人是这个时代的特征之一，我们无法回避这个现实。尤其在今天这个物质极大丰富的消费时代，太多的产品在角逐太少的顾客，如何反抗强大的同质倾向，获得消费者心理认同，仅有内在是不够的，如果说，质量和管理是企业的"治病"之术，那么 CI 就是企业的强身之术。商业社会必须要把内在美转化成外在美，以物质的方式向观众展现，让消费者触摸和感知。因此，设计优良的企业识别系统应以建立企业的理念识别为基础，换句话说，视觉识别的内容，必须反映企业的经营思想、经营方针、价值观念和文化特征，强化特征，并广泛应用在企业的经营活动和社会活动中进行统一的传播，与企业的行为相辅相成，帮助企业建立优良的公众形象，以期迎合新时期大众的情感，甚至是潜意识。

众所周知，"可口可乐"就是"Coca Cola"，但却很少有人追问一句：那是什么意思？其实 Coca 和 Cola 是两种植物的名字，音译为古柯树和可乐树，古柯树的叶子和可乐树的籽是该饮品的原材料，古柯叶里面含有古柯碱，也叫可卡因（有时用做局部麻醉药，尤其用于眼睛、鼻子或喉咙，还因其兴奋性和刺激性而广泛用做毒品）。这样枯燥乏味甚至有点可怕的名字居然被翻译成"可口可乐"，真是 Coca Cola 公司的化腐朽为神奇。"可口可乐"译名成功地保留了原文押头韵的响亮发音，但完全抛弃了原文的意思，而是从喝饮料的感受和好处上打攻心战，手段高明。

可口可乐公司就是凭借它的超级品牌形象占领"消费者的心智"，强大的企业文化为品牌的诠释提供源源不断的动力，这是可口可乐公司在品牌营销战略上的过人之处，作为一个国际品牌，可口可乐公司非常注意营销策略与文化的整合，始终以当地文化形态作为形象创新的出发点，充分照顾到不同地区消费者的不同文化背景和喜好，但是，无论在世界何处，可口可乐都代表着青春、活力、年龄、生命、时尚。可口可乐公司的媒体广告是透露其品牌营销战略的一个窗口。例如，中国申奥成功，可口可乐公司为此特别推出奥运金罐，金罐以喜庆的金色和红作为主调，并加入天坛、长城等元素和一些运动画面，推出福娃的新形象（见图 2-3），加进中国元素，淡化美国情结。诸如此类的举措将创新的着眼点与中国消费者的生活、文化紧密融合为一体。因为做到了充分了解目标消费群体的思想观念、主张和价值观点，迎合主流市场，所以可口可乐公司在中国市场"圈地"成功，并且建立了很高的市场准入"门槛"。

图 2-3　可口可乐公司推出福娃的新形象

只有在名称产生之后，企业或品牌形象才有视觉化的可能。名称直接影响着消费者对企业或品牌的理解与态度，尤其是在新的公司成立或新的品牌推出时，名称往往会成为消费者对其进行判断与选择的主要依据。

例如"IKEA"家居品牌，即便在瑞典也很少有人知道它的意思，是聪明的中译者赋予它"宜家"这一美好的含义。实际上，IKEA 是公司品牌的创始人英格瓦·坎普拉德（IngvarKamprad）和他的农场名 Elmtaryd 及村庄名 Agunnaryd 的词首字母组合。大约猜得出 IKEA 中 I 同 K 两个字母的意思。但是，为什么后面还跟着 E 和 A 呢？原来，这两个字母分别代表的是这位瑞典佬的出生地乡镇的第一个字母，地点在瑞典的南部。英格瓦·坎普拉德（IngvarKamprad）先生创办了世界上最大的家居公司，心中念念不忘自己的家乡，索性一举把沾着泥土芳香的故乡名字也放上去了，如图2-4所示。

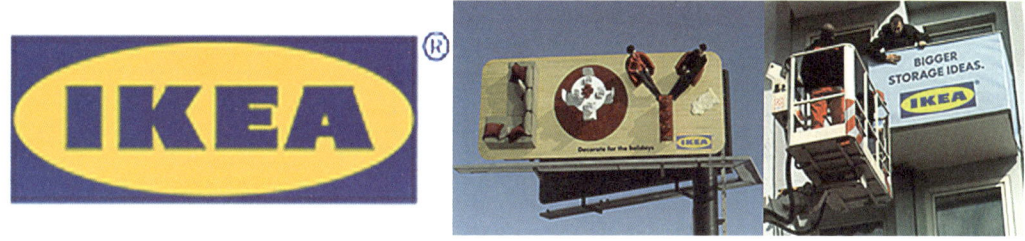

图2-4 IKEA"宜家"家居品牌企业形象与应用

二、命名应考虑的要点

通常为企业或产品命名应考虑以下几点。

(1) 简洁易读，便于听觉识别。

(2) 文字组织清晰，易于辨认和记忆。

(3) 内涵丰富，能够对所指企业或品牌有一定形象的联想。

(4) 有独特个性，并且能适应跨地域与国际性的经营模式。命名过程中应当考虑不同文化观念和传统习俗等方面的差异，尤其是不可冒犯的信仰与禁忌。

(5) 名称能够受到法律的保护。

日本本田公司创建于1948年9月，创始人是传奇式人物本田宗一郎。公司总部在东京，雇员总数3万人左右，并且先后建立了本田美国公司、本田英国公司。现在，本田公司已是一个跨国汽车、摩托车生产销售集团。它的产品除汽车、摩托车外，还有发电机、农机等。

"本田"车名源自1948年本田宗一郎先生创立的本田摩托车公司。"本田"即本田宗一郎先生的姓氏。LOGO中的H是"本田"拼音HONDA的第一个字母（见图2-5）。这个标志体现出本田公司年轻性、技术先进性等新颖形象，也体现了其职工完美和经营坚实的特点。为公司赢得了不可计数的利润及崇高的商业声誉。

"H"是"本田"汽车和"本田"摩托车的图形商标，是"本田"日文拼音"HONDA"的第一个大写字母。本田汽车商标中的字母"HM"是"HONDAMOTOR"的缩写，在这两个字母上有鹰的翅膀，象征着"飞跃的本田的技术和本田公司前途无量"。"人和车，车和环境的协调一致"是本田公司的发展方向，动感、豪华、流畅是本田公司的一贯风格，设计动力澎湃、低耗油、无公害的发动机是本田公司的技术目标，靠先进而实用的设计、卓越的制造质量和相对低廉的价格，吸引更多顾客是本田公司的宗旨。

图2-5 日本本田企业形象

第三章 VI基础系统设计

教学目标与要求：

本章主要讲述VI设计中基础系统的各大要素。通过本章的学习，了解基础系统组成各项目的特点，掌握设计的方法和步骤，从而为应用部分的设计打下良好的基础。

第一节 标志设计

一、标志的概念

在英文表达中"LOGO"是标志的含义。从汉字的字意来讲，"标"里有标准、记号和表明的意思，"志"里有记载和不忘的意思。那么标志的最原始的目的就是表明了事物而让人记住不能忘记的意思。标志具有识别性、形象性、传达性、符号性的特点，现代标志就是由特定文字、图形和色彩构成的、具有特殊象征意义的大众传播符号。用特定而明确的造型、形象、图形、文字、字母来表示对象和代表对象，大到国家标志，小到私人标记都可以通过标志来表示。

图3-1 LOGO案例

标志主要包括商标、徽标和公共标志。

商标：企事业单位和个体工商者为了使自己的产品或提供服务项目，与市场上其他同类的产品相区分，使用的一种特殊标记。

徽标：由徽章演变而来，通过图形文字表示个人或机关、团体、活动等的身份形象。

公共标识：用于公共场所、交通、建筑环境中的指示系统符号。

商标是将经营理念、企业文化、经营内容、企业规模、产品特性等要素，通过造型简单、意义明确的图形语言，传递给社会公众，使之识别及认同企业的图案和文字。企业标志是视觉形象的核心，它构成企业形象的基本特征。企业标志不仅是调动所有视觉要素的主导力量，也是整合所有视觉要素的中心，更是社会大众认同企业品牌的代表。因此，在整个视觉识别系统设计中，企业标志设计具有重要的意义，如图3-1所示。

以苏州世乒赛会徽为例。优美的弧形构成了本标志的主造型，以苏州的石桥元素和地球壮美的地平线为灵感展开设计，很好地点明了本次大赛举办地的地域属性和特色。在体现苏州2500年的文化底蕴和典雅江南特色的同时，也表达了大赛的全球性国际性质，具透视性和运动感的画面也生动地表现了绿色的球台上乒乓球欢快跳跃的场景，标志性极具现代感的同时又给人古朴又充满活力的感觉。标识的颜色采用清澈的绿色点缀以亮丽的橙色，体现了苏州山清水秀的环境特征，同时也和乒乓台、乒乓球的色彩相得益彰，表现了乒乓球运动旺盛的生命力和绿色环保的理念，如图3-2所示。

企业标志是将经营理念、企业文化、经营内容、企业规模、产品特性等要素，通过造型简单、意义明确的图形语言，传递给社会公众，使之识别及认同企业的图案和文字。企业标志是视觉形象的核心，它构成企业形象的基本特征。企业标志不仅是调动所有视觉要素的主导力量，也是整合所有视觉要素的中心，更是社会大众认同企业品牌的代表。因此，在整个视觉识别系统设计中，企业标志设计具有重要的意义。

二、标志的作用

1. 传达信息

图3-2 苏州世乒赛会徽

传达明确的信息是标志最重要的作用。标志借用形态丰富的图形、字体组合，运用夸张、比喻或暗示等手法来代替文字，传达企业的经营理念、规模历史、销售对象、产品性能及用途等方面的内容，可视性强并且直观，大众可以快速认知并接受。

在商品社会里，产品不可缺少的重要组成部分就是商标。商标作为一种直观、高度凝练的标志记号，它不仅能够传达产品的名称、产地、性能、价格等信息，而且把产品隐含的抽象的企业文化精神用具体可视的图形语言表达出来。

公共标志是传达公共信息最重要的工具，在商场、机场等地，公共标志更是人们无声的好帮手。

例如浙江湖州城市形象标识。湖州城市形象标识以蓝色为主色调，标识的整体造型圆润，意喻团结、和谐、圆满，展示了湖州城市包容、睿智、灵动的个性，表达了湖州人民建设"物质富裕、精神富有"的现代化生态型滨湖大城市的信心和决心。湖州城市形象标识的上部是湖州城市的最新地标——"月亮酒店"的变形，在其内部空间，嵌入了具有湖州地域特色的传统标志性建筑——飞英塔。两个不同时代的建筑剪影巧妙地重叠，构成了充满灵气的标识主体，不仅体现了湖州历史文化之韵，而且展现了湖州现代建筑之美。标识下部为水波造型，表达湖州是"太湖之州"，且这水波宛如平铺的丝绸，摇曳的竹海，蜿蜒的茶垄，泼墨的国画……这些都是这座千年江南名城积累的文化元素。此外，标志右上角有一枚中国印，用赵孟頫的字直观地点出了"湖州"二字，表达了一个城市的承诺，给人一种不容置疑的信誉，如图3-3和图3-4所示。

图3-3 湖州城市形象标识

图3-4 湖州城市形象海报

同样，代表着政府机构、公共组织形象的LOGO，也具有非常强大的信息传达作用。比如，中华人民共和国国徽，图形中天安门象征中国人民反帝反封建的不屈的民族精神，齿轮和麦穗象征工人阶级与农民阶级，五颗星代表中国共产党领导下的中国人民大团结，金、红两种颜色在中国是象征吉祥喜庆的传统色彩。由此可见小小的国徽包含了中华人民共和国最重要的视觉图形信息。

2. 美化产品

标志作为企业和产品形象的象征，它用无声并具有美感的图形语言，宣传着产品的质量与特色。标志设计的好坏会直接影响企业和产品的信誉度。成功的标志不仅代表了产品本身,也增强了产品的魅力;相反,设计拙劣、粗糙难看的标志,会引起消费者对产品质量的怀疑,降低产品在其心中的信誉度,从而不利于企业发展。鲜明生动的标志形象应该具备视觉冲击力,给人留下深刻的印象。视觉表现感染力越强,人们的记忆就越深刻,标志就越容易被识别。

以绿霖食品(GREEN HUB)品牌设计为例。标志以"甘霖""绿叶""茂林""小鸟"为设计元素,并与英文"GREEN HUB"及中文"绿霖食品"排列组合构成公司主标识形象。标志的设计语言独特而鲜明,创意、寓意巧妙而生动,令人印象深刻,过目难忘。如叶在枝,绿意盎然;如鸟在林,生态环保;如霖绵绵,润滋万物;如苗破土,茁壮成长。这些意象不仅与"绿霖食品"的公司名称形象贴切,更与"绿霖食品"打造天然健康的绿色食品息息相关。六竖雨点状线条,寓意六六顺、事事顺,也寓意公司的发展风调雨顺。四片富有生命的绿叶,则象征着公司坚持走绿色环保、天然健康的发展理念,同时也象征着公司四位合伙人携手并进,共同成长,一起开拓"绿霖"的财富之门。整个标志有情有调,寓意深刻,同时,差异化的视觉表现更使得"绿霖食品"在诸多同质化的标识及同行标识形象中脱颖而出,如图3-5~图3-8所示(设计:张宁设计事务所)。

图3-5 绿霖食品标志案例(一)

图3-6 绿霖食品标志案例(二)

图3-7 绿霖食品标志案例(三)

图3-8 绿霖食品标志案例(四)

3. 树立形象

标志是企业形象宣传和传递信息理念的最关键元素。标志的构思与形式的表达会直接影响人们对标志所代表及传达内容的认识,也会影响对企业产品好或坏的认知。人们往往根据品牌标志去购买或挑选商品,人们储存了标志的信息,在购买时便会联想到这个标志代表或归属的品质。这样一来,标志就成为树立良好形象、代表不同身份地位和占领市场的重要营销竞争手段,也成为企业良好信誉品质的一种象征。

以纪梵希(Givenchy)为例。我们从著名的奢侈品牌纪梵希(Givenchy)标志中可以看到简洁明快的图形和相得益彰的字体搭配。1952年,服装品牌纪梵希在法国正式诞生,它是以其创始人休伯特·德·纪梵希命名的。几十年来,纪梵希一直保持着"优雅的风格"。在时装界"纪梵希"几乎成了"优雅"的代名词。其标志是由四个"G"组合而成,分别代表古典(Genteel)、优雅(Grace)、愉悦(Gaiety)以及纪梵希(Gvienchy),这是当初法国设计大师休伯特·德·纪梵希创立品牌时所赋予的品牌精神。时至今日,虽历经不同的设计师,但纪梵希的4G精神却未曾变动过。图形平衡对称,展现不凡的气度、充满端庄典雅,如图3-9和图3-10所示。

图 3-9　纪梵希商标 　　　　　图 3-10　纪梵希商品

4. 创造价值

人们喜欢享用有名的品牌，因为名牌象征着身份、地位和事业的成功，展现着个人品位和魅力。名牌产品的价格即使昂贵无比，但并不影响人们趋之若鹜地购买，这就使标志具有了某种独特的精神力量，这种精神力量可以创造更多的品牌价值。标志的价值不同于一般商品的价值，在商品交换过程中，产品的竞争力和企业的竞争效益与标志有直接关系，这使标志形成了自身的价值，它既有经济价值，又有信誉价值，它超越了产品自身。对于已经成功的品牌来说，标志的意义更为重要，成为了一种精神象征，更多地代表了信誉价值的积累。

对于企业来说，标志是企业自身发展的一种依托和保证，早已超越了商品的属性。在法律的保护下，标志是一个企业拥有的专利，是神圣不可侵犯的。反观知名品牌的创立，不仅仅产品要有良好的品质，还要通过长时间的积累和坚持不懈的努力，建立企业自身的文化、扩展社会认知度、从而得到广大公众的认可和接受。在消费者眼里品牌不仅仅代表的是某种产品，它实际上是消费者微妙的心理需求的折射。在 2014 年全球最具价值品牌百强排行榜中，苹果以 1050 亿美元的品牌价值位居第一。通过被咬了一口的苹果图标、时尚精致的产品、遍布全球的苹果体验店以及富有演讲天赋的乔布斯，苹果创造了强大的品牌效应，为苹果产品赢得了巨大增值。例如，第一版 iPad 正式发售时美国售价 499 美元，而市场调研公司 isupply 的拆机报告估算 iPad 整体成本约 260 美元，品牌溢价高达 240 美元。同时，品牌感召力往往在商业合作中使苹果处于强势地位，获得更多利益。是无形资产的杠杆效应。"苹果"拥有自己鲜明的个性，功能强大，外观大气，拥有一部苹果产品成为了消费者心里的向往，也成了他们炫耀的资本。正因为它具有了消费者所欣赏的个性，才能被消费者所接受并且乐于购买。每次苹果新品发布时，万人空巷，在苹果专卖店排起得长队便是"苹果"这个品牌的价值的最高调的炫耀。那个纯白的被咬了一口的苹果标志已经深入到我们的生活，无时无刻不引领着我们去关注苹果的产品甚至是苹果公司的命运。由此可见，品牌也是一种财产，它也有价值。虽然这种价值看不见摸不着，但却是企业最重要的无形资产，如图 3-11 所示。

图 3-11　苹果品牌 LOGO

综上所述，标志在社会生活中充当着信息传达、美化产品、树立形象、创造价值的重要作用。回顾历史，标志在五千多年前人类开始懂得绘画的时期就已产生，最早的标志和当今的标志一样，在社会生活中发挥着信息传达、价值创造的重要作用。在生产、流通、消费等社会活动中的每一个环节，标志都不可或缺。商品标志一定要具备易认、易读、易记、美观的特点。通过社会化的传播，标志作为传递信息的载体具有了广告的职能，便于对内对外交流，企业标志将企业经营理念、企业文化等传递给消费大众，达成社会对企业及产品的认知与识别。同时企业标志在区分企业产品与同类产品的差别、塑造其品牌个性上起着决定性的作用。在企业 VI 形象宣传中，企业标志对企业品牌，以及企业形象带来潜在价值。成功的标志设计有助于企业树立品牌形象，帮助企业获得消费大众的青睐，从而为企业带来经济效益。

三、标志的设计原则

1. 独特性

独特性是标志设计的最基本要求。标志的设计必须做到独特、别致，追求创造与众不同的直觉感受，给人留下深刻的印象。标志设计的造型可以简单也可以适当复杂，这取决于实际用途，只要把握一点，即特别。因为企业绝不会甘于平凡，多数都竭尽所能地建立自己独特的企业文化及市场经营特色，所以标志设计一定要避免在名称和造型上的雷同。只有富于创造性、独特性的标志，才有生命力。标志的个性特色越鲜明，视觉感染力就越强。

例如上上下下室内设计工作室的标志设计。"上上下下"是一所室内设计工作室，专注于室内空间设计，大力推崇极简主义设计风格。设计者为其设计这个LOGO，也从极简的形式进行尝试，为了突出具有个性的工作室名称，运用图形和汉字的创作手法，最后从标尺中的"尺度标记"提炼出设计概念和符号。"左一点、右一点、上一点、下一点"，标志就是这么简单，既是名称，又是图形，如图3-12和图3-13（设计：张宁）。

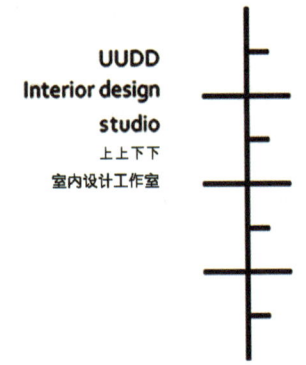
图3-12　上上下下室内设计工作室（一）

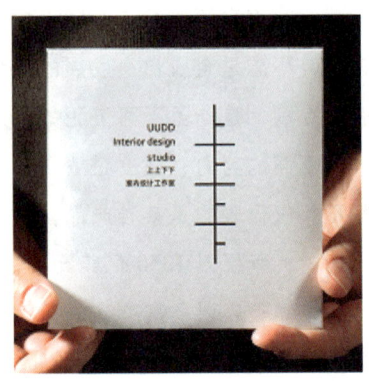
图3-13　上上下下室内设计工作室（二）

2. 醒目

所有标志都希望达到令人瞩目的视觉效果，因为只有引起人的注意，才能使标志所要传达的信息对人产生影响。无论是在常规环境还是在特殊环境中，标志都应该保持较高的视觉敏感度，在不同的应用中保持良好的商业视觉形象。比如商标，无论是在商品包装上还是各类媒体的宣传中，都应该发挥突出品牌的积极作用。

例如顺丰物流的标志设计。顺丰速运新的标志是在对原来的笑面标志进一步诠释充实后演变而成。新的标志展现出的是一个完整的人脸，其脸方中带圆，圆中有方，方圆共济。方代表有很强的原则性，而圆则代表在原则内同时具备和谐性。标志中S和F两个字母是顺丰中文拼音的首字母，而单独一个"S"同时可以传达出顺丰的成长经历了许多的曲折，而最终形成了一种坚毅不屈的精神。"F"上面弯曲的一横寓意笑容，代表着顺丰对未来积极乐观的态度，而接下来笔直的"鼻梁"展现的则是一种正直和执著的精神。

红、黑是顺丰速运标志的主色调。以黑色为底色寓意沉实和稳重，而红色的眼睛则表达了一种坚毅的激情，整个标志是对顺丰精神的诠释和展现，如图3-14和图3-15所示。

图3-14　顺丰速运LOGO

图3-15　顺丰速运

3. 易记、易识、易传播

（1）标志设计要以少胜多、立意深刻、形象鲜明、通俗易懂。这样公众的认同感范围会增大同时亲切感也会增强。

（2）传达信息。标志传递的内容是多样的，有精神的也有物质的；有企业的也有品牌的；有原料的也有工艺的；有虚的也有实的。人对信息的感知也是受多方面因素影响的。标志信息的处理与调解应尽量追求通过简练的造型表达出易解读的丰富内涵，以及重点明确的兼容性信息。

（3）超强适应性。标志设计完成之后要通过各种传播介质展现给受众，所以无论是在户外广告牌上还是在名片上，标志都要呈现出一样完美的视觉效果。比如放大或缩小、观看距离的远近、空间背景的不同、动态还是静态、产品性质与装潢、制版印刷及材料载体等，都应保证标志能够顺利运用，能使受众快速、准确地识别。

以库勒慕勒美术馆标志为例。库勒慕勒美术馆因珍藏大量的梵·高作品而闻名世界。美术馆另一个著名的特色就是拥有全欧洲最大的雕塑公园。不同于一般的陈列方式，各式各样的雕塑作品散列于公园的各个角落，每个作品并不只是呈现雕塑作品本身的概念。雕塑公园的作品也都是出自大师之手。尽管库勒慕勒博物馆独特的展品和园林组合，但这里仍不是许多荷兰和外国游客的旅行首选地。为了改变这种窘境，席勒慕勒博物馆决定改变新的营销策略，升级新的视觉形象。新标志由德国Edenspiekermann设计工作室设计，标志设计为半开的门户，形象鲜明，准确传达了美术馆将揭开神秘，欢迎更多的人来享受艺术。标志的半开窗式风格沿用到了整体宣传项目中，容易被受众识别并产生品牌联想，如图3-16~图3-21所示。

图3-16　旧标库勒慕勒美术馆

图3-17　新标库勒慕勒美术馆

图3-18　库勒慕勒美术馆标志（一）

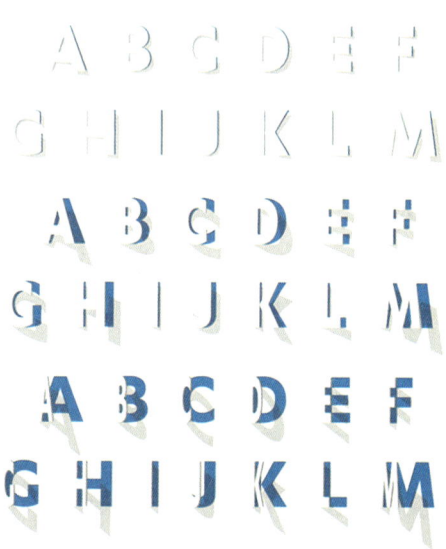

图3-19　库勒慕勒美术馆标志字体

企业形象设计

图3-20　库勒慕勒美术馆标志（二）

图3-21　库勒慕勒美术馆海报

4. 体现文化与审美

人类的文化、民族的文化、企业的文化，包括民族传统、社会风尚、时代特色、企业精神理念等信息，都可以通过标志的内容或形式来体现。也可以将标志中的文化性看做是设计风格或设计品味的特色。

标志要具有艺术性和审美感。通过巧妙的构思和技法将标志的寓意与优美的形式有机结合而体现出来的综合美感和情感体验。艺术性强的标志往往具有定位准确，构思巧妙，造型新颖大方，富有装饰性等特点。

以杭州城市标志为例。拥有5000年建城史的历史古都、风景名城杭州的城市标志。标志以汉字"杭"的篆书进行演变，体现了中国传统文化底蕴，巧妙地将城郭、建筑、园林、拱桥、航船等诸多要素融入其中。城市标志这一视觉符号，是城市独特文化和精神的直观展示，是城市特色的集中体现。造型构图精致，和谐相融，而开放的结构又显示出大气舒展的气度。

"杭"字古义即为"方舟""船"，"杭"又通"航"，反映了杭州得名取自"大禹舍舟登陆"的历史典故，体现了杭州作为历史文化名城的底蕴，又象征着今天的杭州正扬帆起航，展现出积极进取、意气风发的精神面貌；标志运用江南建筑中具有标志性的翘屋角与圆拱门作为表现形式，体现了中国传统文化和江南地域特征。标志右半部分隐含了杭州著名景点"三潭印月"的形象，体现了杭州的地域特征；标志下方带有笔触的笔意，微妙地传达了城市、航船、建筑、园林、拱桥与水的亲近感，凸现了杭州独有的"五水共导"的城市特征；标志像一艘船，是一条我们风雨同舟的船；像一个家，是我们共同的美好家园；像一座城，是我们共建共享的"生活品质之城"。标志用特别设计出来的字体表现杭州的城市名称，强调了字体的独特性，字体与图形相结合，浑然一体，体现了杭州作为历史文化名城的底蕴，也象征着今天的杭州正扬帆起航。

设计清新自然，既简洁时尚，又体现了中国杭州的文化韵味，如图3-22所示。

图3-22　杭州城市标志

5. 紧跟时代

在企业形象系统中标志是核心诉求。经济的繁荣发展、竞争的激烈加剧、生活方式转变、流行趋势的导向等，都要求标志设计要紧跟时代。由于种种原因，企业需要对商标进行改革，一种方式是重新设计，舍弃旧标志，以全新的面貌出现。这在经济上可能要有较大投入，因为需要通过广告媒介大量地、反复地宣传，才能重塑形象植入人心。另一种方式是对享有信誉的老牌商标，在原商标的基础上通过一个长期策略，随着时间的推移，逐步完善，既富于时代感，又具有连续性，让受众在循序渐进中接受新标志。一般演进的规律是由具象到抽象、由繁复到简洁，使其具备时代感、国际化。

以奥迪标志改款为例。在奥迪公司成立100周年时，奥迪正式宣布对其标志进行改款，此次修改，奥迪不改变四环的基本图案，但四个圆环采用锐利的边缘，表面增加了金属光泽。与此同时，奥迪的标准字体也发生了变化，简洁的字体取代了原先的粗体字母，它的位置也由四环商标的正下方改为左下方。新标志比原来的四环更具立体感和金属质感，同时把英文字体进行了改变，更具现代感。这不仅为奥迪公司百年华诞献上了生日礼物，同时也揭示了奥迪公司要以全新的形象踏上未来的征程。新的标志比原标志更富有时代感，如图3-23所示。

图3-23 奥迪标志前后对比

四、标志设计的发展及未来趋势

时代的发展一定影响事物的发展、变革和创新。随着人类文明的进程、科学技术的现代化、传播方式的多样化，标志成为了企业或组织机构理念和精神的载体，质量和服务的形象化表现，同时也是一种文化传播。标志设计经历了从工业化社会到信息化时代的发展过程，在设计观念上发生了一定的变化，人们开始从新的角度认识和审视标志。

1. 国际化的设计观

在标志设计中以国际语言英文为主的文字标志设计越来越多。国际设计观是一种经济观和品牌观的体现，它和民族性在现代设计中是毫不矛盾的，民族性是独特民族文化的体现，而国际化是最大限度地提高设计广泛的可理解性，这是设计师在创作中需理清的关系。可借鉴东方的元素、西方的形式，将东西方的审美融入到设计表达中，如图3-24～图3-26所示。

图3-24 国际化设计（一）

图3-25 国际化设计（二）

图3-26 国际化设计（三）

2. 人性化的设计体现

现代社会强调对人本身需求的关注，以人为本，与环境为善。一种以节约和保护环境为主旨的设计理念和方法——"绿色设计"成了21世纪的重要主题。标志设计也是如此，作为视觉设计要充分尊重人的心理需求和喜好，运用绿色设计观念，按照人物协调的关系完善图形符号与人类的协调关系，让设计锁定在更为合理的视觉秩序上。如在设计中运用拟人化的卡通形象、可爱的动植物，会让原本缺乏情感的事物更具亲和力，使视觉语言人性化，贴近大众心理，在设计中趋向自然与轻松的表现。

以哥本哈根公共图书馆儿童馆视觉形象为例。哥本哈根公共图书馆儿童馆的视觉形象创造了许多不同的基础图形，这些基础图形可以组成不同的字符和形状，这样做的初衷是：孩子们可以参与并感受到这个视觉形象系统带来的乐趣，去创造自己的故事和人物，如图3-27～图3-29所示。

图3-27 哥本哈根公共图书馆儿童馆视觉形象（一）

图3-28 哥本哈根公共图书馆儿童馆视觉形象（二）

图3-29 哥本哈根公共图书馆儿童馆视觉形象（三）

3. 主题的单纯化及表现形式的多样化

快节奏的现代生活使快速识别变得越来越重要，致使标志设计的主题更加单纯、造型更加概括、简洁，符合信息传递中"少即多"的原理，有助于标志信息的快速传达，最大限度地降低环境的干扰，提高远距离观看的可视性等等，如图3-30～图3-32所示。

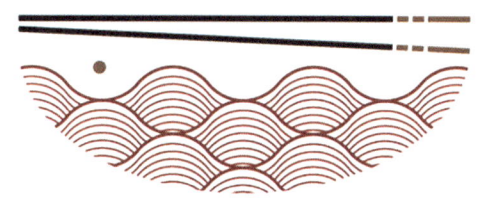  

图 3-30　造型简洁的标志（一）　　图 3-31　造型简洁的标志（二）　　图 3-32　造型简洁的标志（三）

同时，生活方式的多样化、市场的细分化、计算机技术的发展等使标志设计的艺术表现方式日趋多元化，朴素设计、仿生设计、时空化设计、高科技设计等表现形式，令标志通过视觉形象展示出时代气息。在应用上标志设计要根据其使用环境、条件和具体内容做出相应的技术措施，适用于各种传播媒体。

以 VEDA 品牌设计为例。VEDA 是俄罗斯一家研发兽医制剂及动物用化妆品的公司，品牌形象通过 VEDA 几个字母魔术般的创意应用而给人留下深刻印象。VEDA 虽然作为俄罗斯最大的动物制剂生产商之一，但在以往的品牌形象中，它与很多同行的公司都类似，就是其形象显得很中性，缺乏情感上的联系。VEDA 一词，原意指印度的一些古文"吠陀"，而在俄文中，它有"智者"的意思。所以设计人员就希望利用一种"聪明"的方式来为 VEDA 创造新的鲜明形象，使广大消费者能够像喜爱他们的宠物一样喜欢上这个标志。

VEDA 标志由莫斯科 PUNK YOU 设计公司设计，该标志设计的灵感直接来自于该公司的业务，利用 4 个字母 VEDA 来创造各种动物形象，如山羊、驼鹿、狗、猫和鱼——这也是 VEDA 公司产品的主要应用对象。不同的动物形象应用在不同的场景中，以呼应其丰富的产品品种。这些动物形象无处不在，在商品的标签、招牌，甚至在公司的正式文件上都会出现。出来的结果就是，当消费者接触到这个形象时，就像在参与某个猜谜小游戏——猜猜这个动物是什么，从而极大地提升了品牌的呼应度及知名度。仅仅利用四个字母，设计人员巧妙地创造出各种动物形象，呼应了公司的品牌业务。药剂企业或一些相关企业如试剂、药品、化学用品公司往往会将自己定位于一个专业严谨的科研公司之中，这导致其面孔往往缺乏温情，而 VEDA 公司形象给了我们很大的启发，拓宽了这类企业的品牌形象表达的深度，让受众牢牢地记住了它，如图 3-33～图 3-37 所示。

4. 重视品牌标志的更新设计

一个成功的品牌标志并不意味着就是一成不变的。它必须根据时代潮流的走向、生活形态的改变、企业的经营状况和广告媒体的发展等等因素而做适时的调整，以增强品牌的竞争力，诱导和提高消费者的购买力。

以少儿探索（Discovery Kids）频道为例。少儿探索（Discovery Kids）频道成立于 1996 年，是探索传媒的又一个很受欢迎的频道，主要播放一些适合小孩观看的自然科学类的节目。目前，少儿探索这个品牌也已经衍生出很多产品的销售（这几乎是外国很多成功的儿童频道的一个重

图 3-33　VEDA 品牌设计（一）

要的营销方式),从恐龙玩具到夜视镜,一应俱全,所以少儿探索已经不仅仅是一个电视频道的品牌,也是各种儿童产品的品牌。目前为了配合商业合作,推出了新标志。

图3-34　VEDA品牌设计(二)　　　　　　　　　　图3-35　VEDA品牌设计(三)

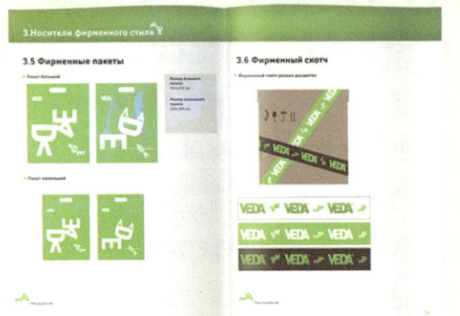

图3-36　VEDA品牌设计(四)

图3-37　VEDA品牌设计(五)

少儿探索的新标志无疑显得更成熟，已经不像少儿了，而是将一个少儿频道成熟化的处理。将品牌成熟化处理，同样是希望让这个标志在更多的媒介上都能够有良好的表现，品牌覆盖面越是延伸，标志越要趋于有力简洁，不然在不同的地方使用时，标志就很难对所有媒介都适用。相较于旧标志，新标志去掉了很多干扰元素，专注于将 KIDS 带出来（这几个字比 DISCOVERY 还要大，这种情况对于电视频道标志来说并不常见），KIDS 中的 I 与上面的 O 似乎形成了一个小孩形象。深蓝与天蓝的整体搭配也很富有朝气和活力，整体来说，品牌显得更有力量，有利于在各种应用场合表现。由 Mattson Creative 设计公司设计，如图 3-38～图 3-40 所示。

图 3-38　少儿探索标志新旧对比

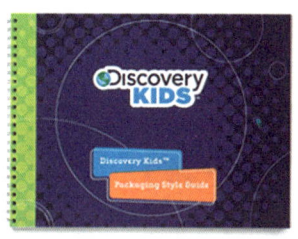 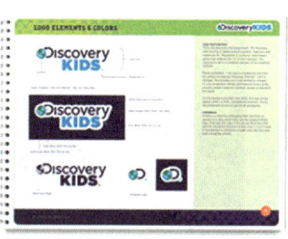

图 3-39　少儿探索相关产品（一）　　　　图 3-40　少儿探索相关产品（二）

五、标志设计的流程与制作

1. 市场调研

标志设计前需要进行调查，通过调查获得有关信息资料作为设计的依据和创意的出发点。内容大致有以下几个方面。

(1) 企业性质、规模、历史、地理环境。

(2) 产品的特性、用途、价格、工艺流程。

(3) 企业的生产能力、设备、人员情况。

(4) 产品销售区域、市场占有率。

(5) 产品销售对象的年龄、性别、职业、风俗习惯。

(6) 同类产品竞争对手的规模、生产能力、市场占有率、价格等情况。

(7) 企业远景规划、预期目标等。

2. 创意与草图

创意就是进行发散性创意思维与集中思维的交互，并找出设计突破口的过程。发散思维和集中思维不断更替、不断反复、不断叠加的过程，正是开发标志设计创新思维的过程。

通过对前期调查和收集的所有材料进行整理、归纳，提炼和精简调查结果，寻找能触发设计者灵感的有效信息，将有效信息进行组合。有人认为设计就是灵感闪现的一瞬间。但在现实中，设计其实是长时间的思考、表现和协调。要学会用各种方法去表现，并有能力和眼光在众多方案中找到最接近设计意图的、最适合的、最完美的设计作品。设计师是"感性的跳跃思维"、"理性的逻辑思维"及"完美表达"三者的总和。一是靠提炼浓缩调查研究信息资料；二是靠大量知识的储备，包括美学、语言学、营销学、经济学、市场学、心理学等多方面的相关知识；三是靠熟练多变的艺术表现，没有精准的技巧就不可能准确地表达设计者的创意，如图3-41所示。

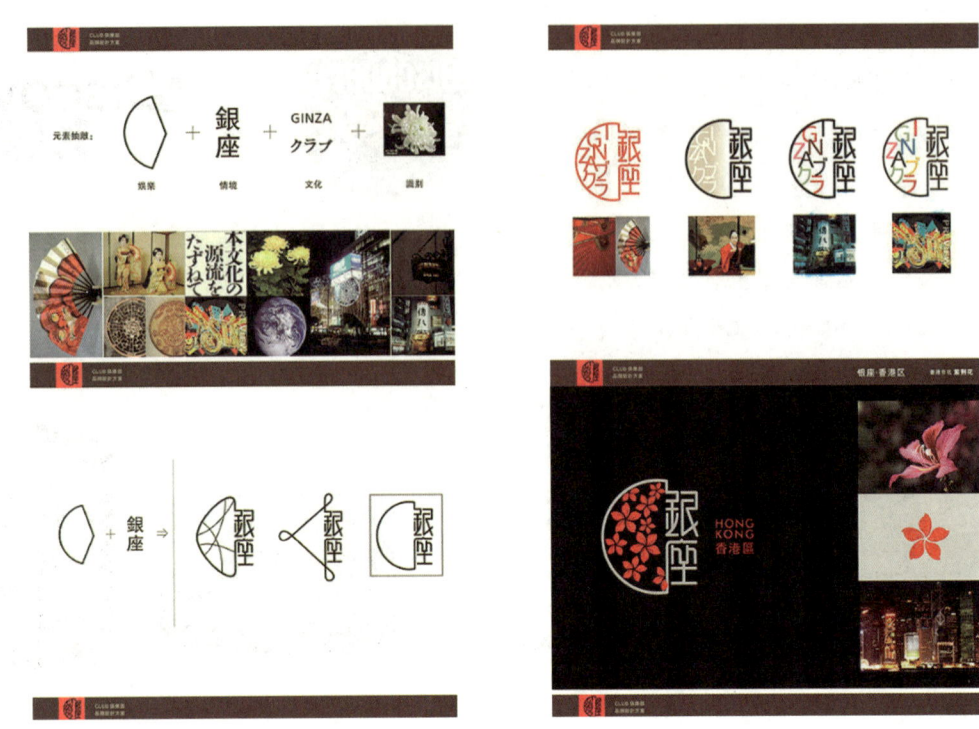

图3-41　标志设计过程案例

草图是具体化抽象思维活动的一个重要阶段。标志设计的表现要受很多限制，包括设计委托方、消费者和技术条件等。为了综合体现各方的要求，标志设计最好能从具象表现、抽象表现、文字表现、综合表现等多种思路中画出大量草图，然后从中筛选、深化，提炼出较好的多幅作品参与会议讨论。草图可从多个创意点出发，尝试各种可能性，从不同方式反复推敲，完善和挖掘。草图勾画得越多，意味着方案的可选性也就越多。草图是将构思转化为可视图形的重要手段。草图具有丰富的情感和随意性，众多的随意草图一定会有好的创意点，因此不能忽视草图的勾画，如图3-42和图3-43所示。

图3-42　从草图到完成（一）

3. 正稿的制作

标志的使用范围广泛，可能用在大至十几米的户外广告牌上，也可能用于小至几厘米的纽扣上，因此设计师一定要考虑标志的适应性及组合规范，以确保标志在不同使用中的准确性和唯一性。制作标准图能保证标志在各种媒体上的准确运用。

图3-43 从草图到完成（二）

Illustrator、Corel Draw等是标志制作的常用矢量软件。矢量图形可任意放大或缩小而不会影响图形的质量，因此很适合标志在不同媒体上运用的特点。

下面介绍标志标准制图需要注意的环节。

（1）标准制图法则。

网格标注法：利用网格的单位尺寸来表明标志的各部位的位置和宽度。其中的单元格一定要是正方形。

尺寸标注法：直接标示出标志图形各部位的尺寸，如长、宽、高、直径、半径。

比例标注法：以标志某个局部的尺寸作为基本的参数，其他尺寸均与其成倍数关系。

圆弧角度标注法：将标志中的圆弧、斜线部位标明弧度和角度。

图3-44 网格标注法

当然，在实际的应用中要根据标志的具体造型来决定制图的方法，不只局限于这几种，要思路清晰、简单易懂，日后能够顺利地应用，如图3-44～图3-46所示。

图3-45 尺寸标注法

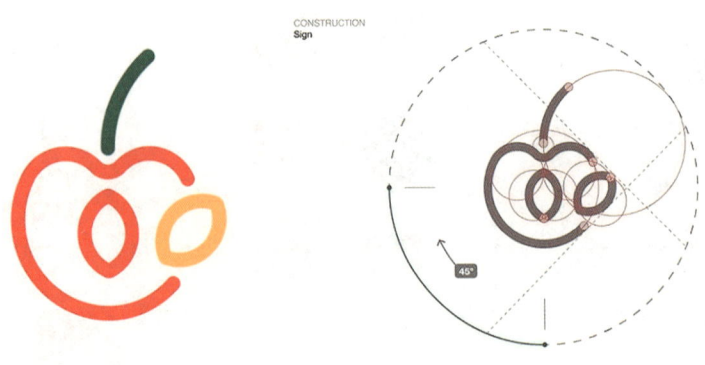

图 3-46　圆弧角度标注法

(2) 黄金分割。

依据参考线作图的目的就是为了做出极具美感便于应用的图标。黄金分割比正是做参考线的依据之一。但参考线仅是参考，黄金分割可以方便设计师较为容易地找到成熟合适的比例，虽不一定适合所有的标志设计，但非常通用，如图 3-47 和图 3-48 所示。

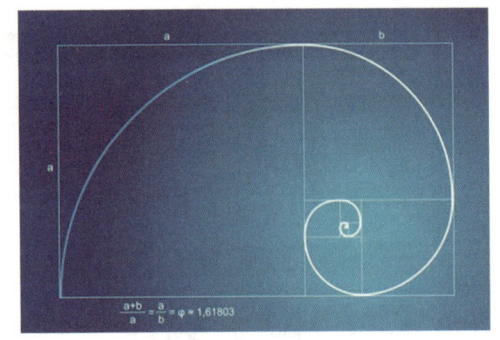

图 3-47　黄金分割（一）

图 3-48　黄金分割（二）

在视觉上，黄金分割本质上带来的是和谐——相似、重复、联系，以及变化、运动、活力。我们观看图像的时候，眼睛和心灵通过将视觉单元整合为一个融合的整体，来组织视觉差异。心灵本能的试图创造秩序以摆脱混乱，存储信息。艺术组织有七个原则——和谐、变化、平衡、比例、主导倾向、运动和简约。以线条为例，当一个艺术家运用线条使作品成为整体的时候，艺术家会通过长度、宽度、特征等一种或全部的关联性来创造最终的和谐体。比例虽然是单独列出的一个原则，但我们可以看到黄金分割同时拥有两个特性：和谐、变化，如图 3-49～图 3-51 所示。

图 3-49　黄金分割示意（一）

图 3-50　黄金分割示意（二）

图 3-51　黄金分割示意（三）

（3）黑白稿。

为适应媒体发布的需要，标志除彩色稿外，还需要制作黑白稿和反白稿，以此来保证标志在对外形象运用中的一致性。黑白稿主要适用于黑白报纸广告，或背景色与图形色接近或色彩较重的情况。标志主体为黑、底为白，通常称为黑稿，即正形；标志主体为白、底为黑，通常称为反白稿，既负形。其中，反白稿亦可用在其他彩色背景上。

一枚在印刷品或视频上运用良好的彩色标志，未必能顺利移植到单色媒介上，如单色印刷、雕刻等。如果有合理的黑白稿制作方法，该问题便迎刃而解。而且，除去丰富色彩干扰而仅存单色的黑白稿，其图底的关系变得一览无遗，这也是检查标志图形是否具有良好视觉效果的一个有效标准。所以，标志黑白稿不仅仅是最后收工之时才进行的工作，而应该在标志设计的过程中随时检视，多借助它的视觉感知特殊性，充分推敲标志图形的审美关系，如图 3-52 和图 3-53 所示。

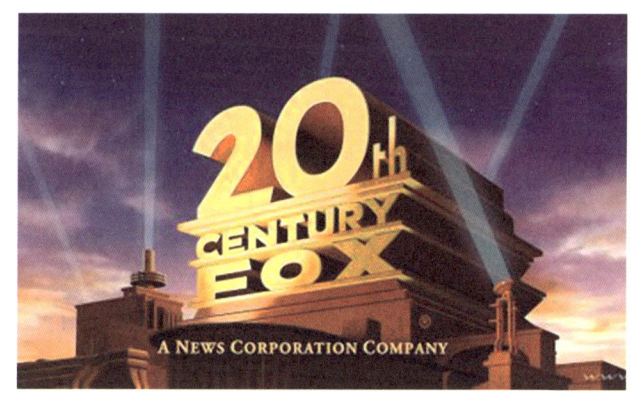

图 3-52　20 世纪福克斯电影公司的标志

图 3-53　20 世纪福克斯电影公司标志黑白稿

优秀的企业标志能够真正代表企业，具有真正的个性，在市场上独一无二，形式新颖，没有歧义，没有使用国家禁忌的图形、文字和颜色等。优秀标志具有相对的长久性，使用一定的年限也不会变得过时，也一定具有相对的超前性，能比社会上的流行进一步，相对会得到大众的认可，有勇于超越的认可度。泛观标志的设计，不是为了设计而设计。好的设计来源于设计者、公司的领导层对企业特色、发展的深入的理解，将这种理解贯穿到贴切的视觉图形里，象征企业与众不同的特征。

六、标志设计赏析

案例1：腾讯游戏品牌设计

1. 背景

客户是腾讯游戏，近年来腾讯造就了诸多行业神话，但是此时的腾讯游戏还在借用腾讯网的LOGO，难免容易混淆，因此建立独特的品牌形象就格外重要了。

2. 调研

对腾讯游戏这个品牌进行了一些调研。总结出几个值得注意的地方。

"腾讯游戏就是QQ游戏吧，什么连连看、斗地主、泡泡龙之类的吧"。"腾讯游戏是什么？我只知道《地下城与勇士》、《寻仙》、《AVA》…"。"腾讯游戏的logo？没怎么注意过。""为什么跟腾讯网logo一样？看不出跟游戏有关系"。

以上出现的问题，可以发现需要提升行业属性和品牌识别性。

3. 创意

不论什么项目，各方面意见的梳理及处理是项目成败的一大要素。这期间走了不少弯路，最终通过与客户（这里客户指项目需求方）充分沟通，帮助客户梳理问题，得到了更有价值的东西——具象的客户期望蓝图。

综合调研结果和客户意见梳理，得出了方向关键词：游戏性能、平台含义、Tencent & games、Color、Fun、稳重。

4. 设计

首先是质感和颜色，直奔主题。寻找夺人眼球的糖果色系搭配。参照素材，确定出了质感风格，在保持与公司其他业务标识风格统一的前提下，加入更多的琉璃质感，让人更能感受到快乐，产生积极、开放的联想。

色彩排列追求自然不突兀，参考色相环配色。同时为避免平淡，加入有寓意的补色以增强设计感，提高识别力。

最后确定的色彩组合，如图3-54所示。

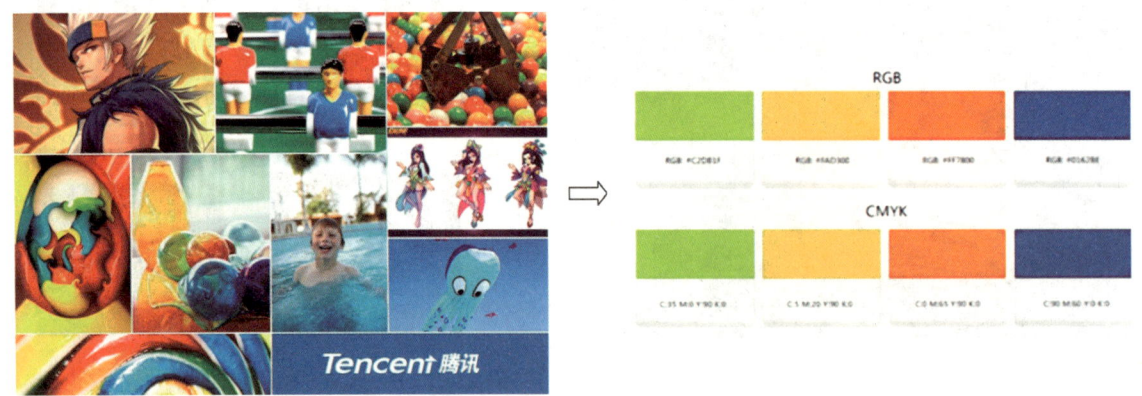

图3-54 腾讯游戏色彩组合

暖色系——绿色：健康、环保　黄色：活泼、跳跃　橙色-红色：机动性、稳定

冷色系——蓝色：腾讯公司VI色

有了品牌概念、形态、色彩、质感。接下来就是组合并使其融会贯通。

腾讯游戏品牌标志，以腾讯公司英文首字母"T"和游戏英文首字母"G"的结合为基础，形成一个由四个游戏操作按键拼合而成的娱乐主题元素。四个按键象征着不同类型的游戏，拼接在一起便成为了一个游戏大平台。背后的记忆点"T"元素来自公司标志"Tencent"的首尾字体"t"，并赋予公司 VI 的蓝色，象征腾讯游戏背后的企业文化基石。辅助图形来自互娱团队的力作。辅助图形是品牌识别系统中不可或缺的一部分。简洁的三角形取自标识的方向键。随意组合，最大化了辅助图形的兼容性和拓展性。给应用设计以最大自由，如图3-55和图3-56所示。

图 3-55 腾讯游戏标志细节

图 3-56 腾讯游戏标志

5. 应用

标识设计之初就考虑到线上线下的应用和推广等诸多因素。所以在宣传创意方面标识可以是弹性灵活、拆分组合。当然，保持活泼的同时也不失"稳"，如图 3-57～图 3-59 所示。

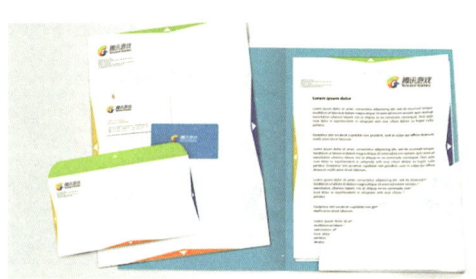
图 3-57 推广应用（一）

图 3-58 推广应用（二）

图 3-59 推广应用（三）

案例 2：比特梵德（Bitdefender）新品牌形象的创作过程

比特梵德（Bitdefender）是一款享誉全球的杀毒软件，公司成立于 2001 年，公司总部设在罗马尼亚，十年来在网络安全及计算机安全领域有着极高的口碑，近日他们发布了新的品牌形象，新形象由 Brandient 设计。

新形象的图案是由一个古代传说中的大夏龙狼（Dacian Dragon-Wolf）图案构成，它是一头半狼半龙的动物，这个传说中的动物守卫在战争中的大夏（古代罗马尼亚地区的称谓）人民，所以后来它就演变成具有"抵抗"及"防御"意义的象征。新品牌形象通过艺术处理，用现代的语言来阐述这个古代的象征图案，并使其能够传达出数码时代的气息，同时又能清晰地传达出罗马尼亚的历史传说。这个设计有两种形态，主要是为了适用于两种不同的品牌策略：一种是 3D 形状的图案，是为了与消费者建立一个品牌纽带；另一种是一个高度抽象的图案，主要集中于能够传达出狼龙的能量及气势，而不仅仅是一个具体的动物形象，以反映比特梵德（Bitdefender）公司迈入了一个历史新纪元。

写实的品牌形象主要是面对用户，传达出一种产品高端的质感，而整个设计风格是相当现代前卫的，如图 3-60～图 3-66 所示。

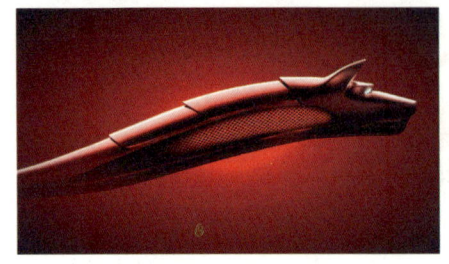

图 3-60　比特梵德品牌设计（一）

图 3-61　比特梵德品牌设计（二）

图案需要保持抽象及灵活，以适应一家年轻的、充满活力的高科技型公司的气质，所以在设计图案时更多的是将它作为一个高科技产品而不是一个软件产品来对待。

以下是最早的关于图案的一些草稿，主要是希望能够在图案中体现一种灵活的特征（见图 3-62）。

图 3-62　比特梵德品牌设计（三）

但这种变化设计者认为远远不够，从设计角度上来说，它或许是一种可行的方向，但从品牌的角度上来说，它过于写实了，没有一种更深的内涵。重新进行构思，希望通过一种无形的东西来营造这种神秘生物的存在。一种非常抽象模糊的手法是可行的一个方向：这个图案提供了一个空间，一个让那些对大夏狼龙并不熟悉的消费者想象的空间，从另一个角度与这种文化图腾产生联系。所以对轮廓进行简化再简化——去掉所有具象的元素，专注于捕捉一种能量及急速前进的视觉意义。

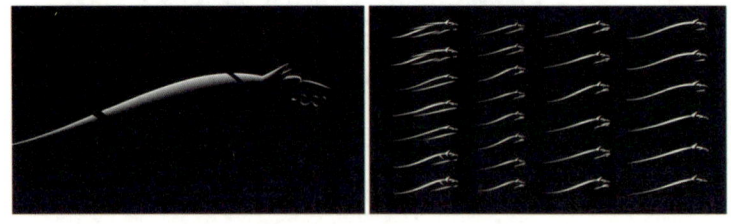

图 3-63　比特梵德品牌设计（四）

图 3-64　比特梵德品牌设计（五）

最后对线条进行了一些适当的调整，以适应图案在很小或印刷时所造成的视觉误差。

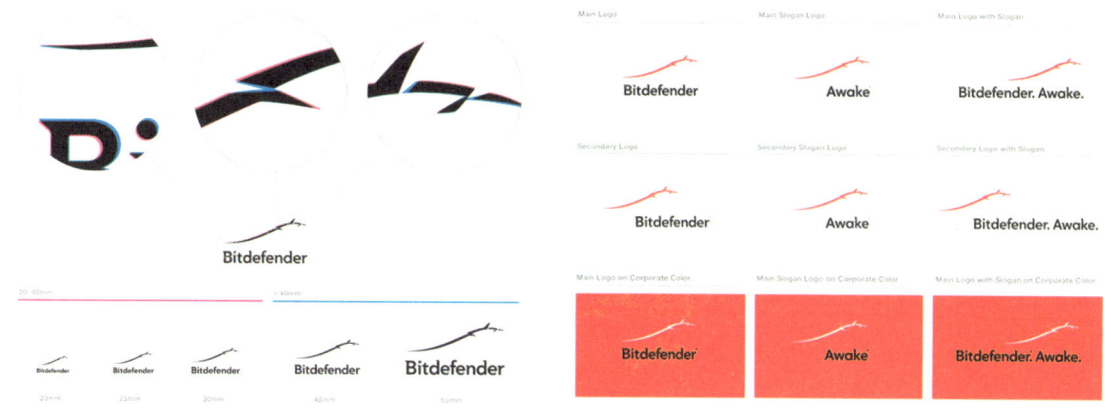

图 3-65　比特梵德品牌设计（六）

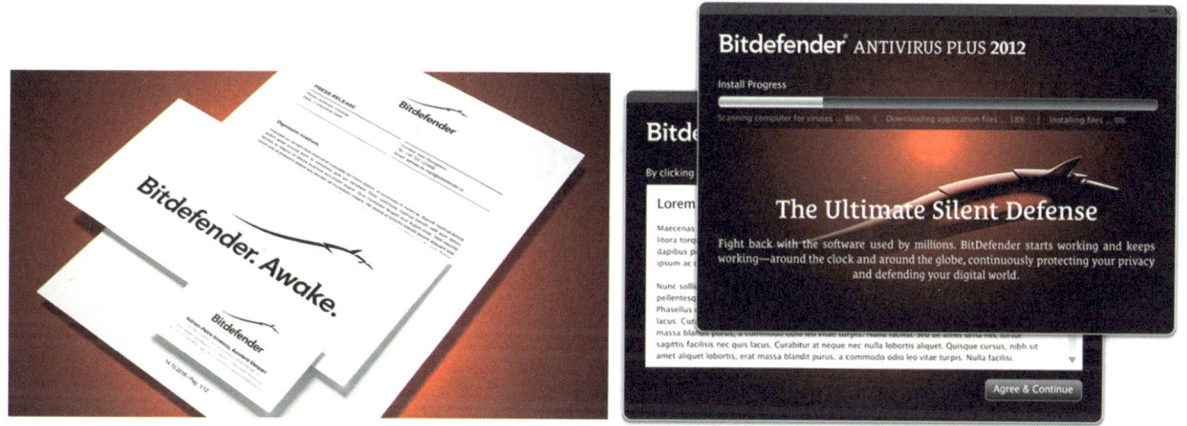

图 3-66　比特梵德品牌设计（七）

案例 3：俄罗斯 ALUTECH 集团品牌设计

ALUTECH 集团是欧洲领先的卷帘门系统和分节提升门供应商。该集团有 4 个工厂，业务遍及 20 多个国家和地区的 3000 多个客户。当位于俄罗斯的 ALUTECH 集团进行了重组并成为铝产品业领先的制造商时，集团管理层认为现有的品牌和标识不再符合集团的成就和进一步发展的宏伟计划。这些原因使 ALUTECH 集团决定进行品牌更新。

首先，在集团的全力协助下经过调查研究总结了新品牌的基本要求：诚实的领导，严明的纪律，创造性的工作，保持产品质量和设计的简洁完美。这些原则确定了品牌的名称和宣传口号。最终完成的品牌形象有以下一些视觉特征。

(1) 强调了该公司在同一个品牌旗帜下有四个不同领域的产品。

(2) 表明合并后的集团结构完整、制度明确规范。

(3) 秉承干净、透明和现代的欧洲美学。

(4) 明亮、动听、不同寻常。

(5) 设计了方便区分四个生产地区的形象图形：卷帘门、门、铝型材系统和自动系统。

新的视觉系统使用了"模块化"的解决方案和明确的"几何"图形。从而清晰形象地传达了集团的新变化，如图 3-67～图 3-70 所示。

图 3-67 ALUTECH 标志设计（一）

图 3-68 ALUTECH 标志设计（二）　　　　　图 3-69 ALUTECH 标志设计（三）

图 3-70 ALUTECH 标志设计（四）

第二节 标准色设计

外形与色彩同是构成物体存在的视觉要素,有时色彩甚至决定着物体留给人的认知和印象,比形象本身还要先声夺人。色彩为标志塑造了一种情感的联想以及情绪的基调,告诉我们这个标志特征和身份,例如是企业的或是非正式的、是严肃的或是有趣的、好玩的或是超值的,等等。通过对色彩的搭配、组合,色彩可以达到预期的效果,表现适宜的意境,带给人欢快、活泼的效果,或理性、理智、成熟的视觉体验。

色彩是塑造企业形象的关键。为了防止标志色彩在使用中的随意性和搭配的无序性,在使用标志色彩时必须达到规范的标准。标志设计色彩一般由标准色与辅助色共同组成,在实际应用中,由于媒体介质的多样性,标志色彩的使用显得复杂。色彩组合的失误不仅会影响标志的外在美感,还会导致信息表述上的误解,并直接影响整个企业的形象传播。要合理地、适当地使用色彩。

一、标准色的定义

标准色是由企业所设定的某一特定颜色或一组特定颜色,它运用在基础要素和应用要素当中,透过色彩具有的特性来刺激消费大众,以突出企业经营理念、产品特质等。标准色具有强烈的识别效应。

标准色是用来象征公司或产品特性的指定颜色,是标志、标准字体及宣传媒体专用的色彩,建立严密的数据标示系统,以达到标准化、统一化的管理功能,也是建立统一形象的基本视觉要素之一,如图3-71所示。

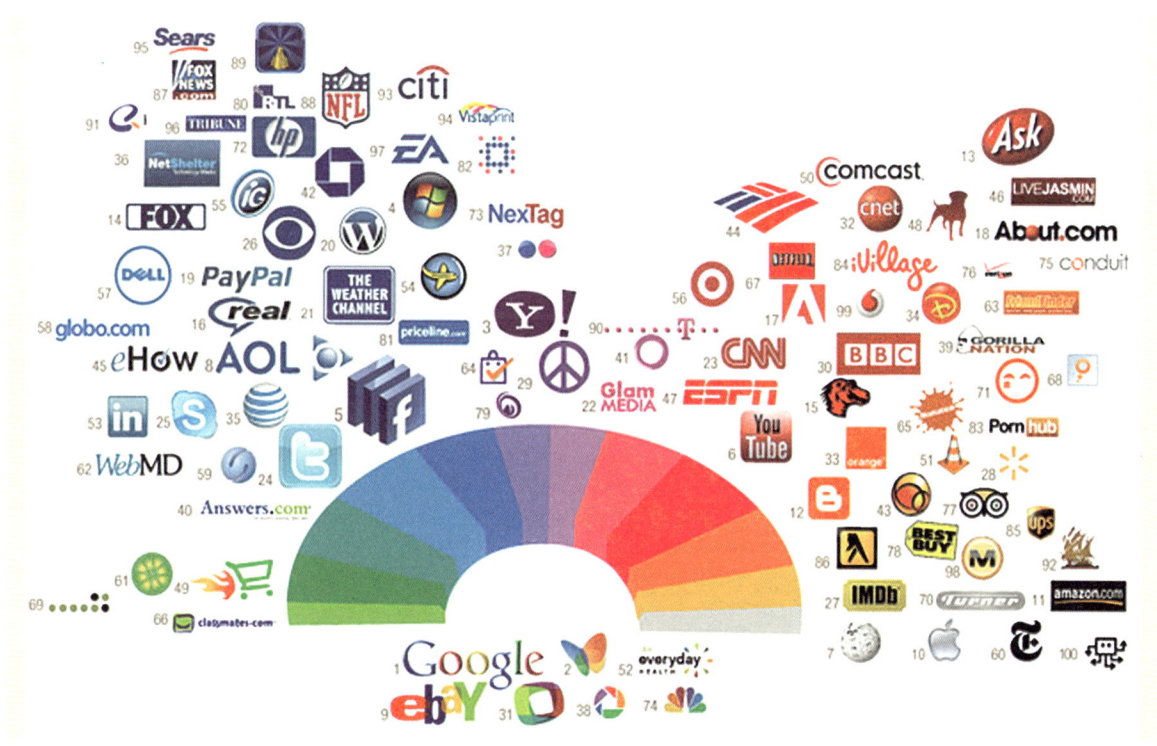

图3-71 标准色分布图

二、标准色的设定

色彩三要素是VI设计中标准色的基础语言,在标准色设计过程中,也是以协调色彩的色相、明度、纯度要素来协调色彩的相互作用和关系的。

"蓝田日暖,良玉生烟"。色彩意境结构的丰富性和蕴含感官的韵律性,把设计的生命之音推向了一个极致。观察色彩时,由于受到色彩的视觉刺激,引起人们在思维方面对生活经验和环境事物的联想,从而使色彩有了冷暖感。红、黄、橙等色相使人感到温暖、惬意和纯熟,所以称为"暖色";而青色、蓝色等色使人联想起了江河、湖海、天空、森林,使人感到清脆、新奇和幽邃,因此称为"冷色"。如在标志设计中,常以暖色来体现食品,因此食品的颜色大多数是以橙黄色调为主,给人以热情、活泼、新鲜和跃动的尚美之感。

1. 色彩的心理表现

(1) 色彩的识别心理。

红色的"可口可乐",蓝色的"百事可乐",白色的"苹果",黄色的"麦当劳",当我们提到某种色彩时,就会与某个机构或企业产生联想。在我们记忆里留下深刻印象的标志,往往我们都能准确地说出它的颜色来。色彩是企业"相貌"的重要组成部分,选择一种符合行业特征又具备个性魅力的颜色或者色彩组合,作为标志识别性的一个重要方面来考量。战略地采用有个性的色彩,是标志设计的一个重要方面,有利于企业的识别与品牌形象的树立。

(2) 色彩的感应心理。

标志色彩的感应心理源于人自身的生活经验,与自身的个性、气质、习惯和追求有关。从人的生理和心理出发,表现出人对不同色彩的感受和爱好,从而引发联想,产生感情定势,烘托气氛,引起共鸣。比如红色给人温暖、热情、刺激、向上的感觉,而蓝色给人冷酷、理性、平静的暗示。同时,不同的色彩组合,更能够表达出丰富的情感内涵,据此,适当地运用色彩,能够准确地传达出标志所要传达的信息。如选用绿色为标准色彩,表现青春、环保等概念;用蓝色等冷色系列,制造先进的现代氛围,多用于电信、科技、信息产业的标志设色。

(3) 色彩的适应心理。

一种色彩准确的象征意义往往取决于不同的人群,不同的地域和不同的文化。不同的国家、民族、地区,由于传统文化、信仰等方面的差异,对色彩的感受和爱好也会有所不同。红色,中国人视为吉利和喜气的代表色,多用于喜庆的活动设色中,而英国却视为低劣色,美国人用红色代表愤怒;瑞典人禁用蓝色;西方国家以黑色为不吉利;东方国家却以白色为不吉利;英国人忌讳黄色,中国人和泰国人将黄色视为庄重、高贵和权力,而埃塞俄比亚人办丧事时穿黄色衣服;在拉丁美洲国家,人们将紫色与死亡联系在一起;日本人喜爱红、白、蓝、橙、黄等色,相对不喜欢黑白相间色、绿色、深灰色;绿色凉爽和宁静,在意大利、新加坡等国普遍受欢迎。这些色彩心理的差异,在标志设计中也应重视和适应,不能随心所欲,应避其所忌,注意要和各地的社会文化传统相适应,不要违背当地的风俗习惯和各国的宗教信仰,特别是各地的色彩忌讳。

2. 标准色的开发设定调查分析

标准色的开发设定调查分析有以下内容。

(1) 企业或品牌现有标准色的使用情况分析。

(2) 公众对企业或品牌现有色的认识形象分析。

(3) 竞争企业或品牌标准色的使用情况分析。

(4) 公众对竞争企业或品牌标准色的认识形象分析。

(5) 企业或品牌性质与标准色的关系分析。

(6) 市场对企业或品牌标准色期望分析。

(7) 宗教、民族、区域习惯等忌讳色彩分析。

3. 企业标准色设定的形式

(1) 单色标准色。

单色的表现，其优势是轮廓清晰、色彩饱和、明确有力、简洁明了。单纯有力的单色标准色，可以给人留下强烈的印象，容易被消费大众记忆，是最为常见的企业标准色形式。如香港汇丰银行的标志，抽象几何形组成"H"，红色寓意热情、活力和希望等。又如喜马拉雅美术馆入选方案的灰色调，充满艺术性及无限可能性，如图3-72～图3-75所示。

图3-72 单色标准色案例（一）

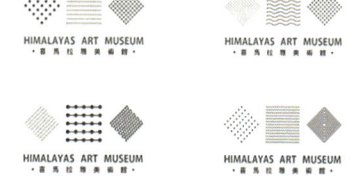

图3-73 单色标准色案例（二）　　图3-74 单色标准色案例（三）　　图3-75 单色标准色案例（四）

(2) 多色系统标准色。

多色系统的标准色形式，主要利用色彩的差异性、易读性区分企业集团子公司和母公司的不同或公司各个事业部门品牌、产品的不同分类。随着社会和企业的发展和壮大，过去企业、机构的标志常用的单色或双色设计似乎显得难以表达其个性和特征，容易产生雷同，不易识别。在新环境中，多色的标志越来越多，有成为潮流、趋势的可能，如图3-76和图3-77所示。

(3) 色彩渐构设计。

色彩的渐变表现可以产生光感、空间感与运动感等效果，是渐变表现的优势所在，也是平涂色彩不易达到的特殊效果。在新的环境中，这种色彩渐构的表现形式也越来越多地出现在标志设计中。色彩的渐构设计在表

企业形象设计

图 3-76 多色系统标准色案例（一）

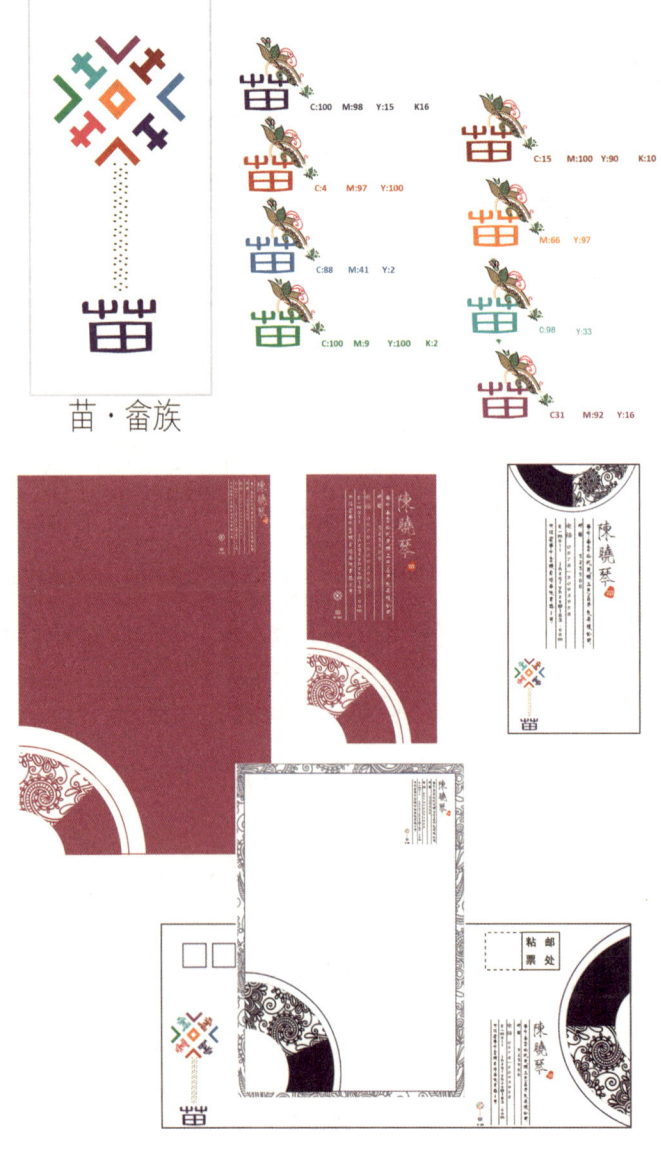

图 3-77 多色系统标准色案例（二）

现的时候一般有两种：一是色彩的等级渐变，产生律动和节奏感；二是色彩的晕染表现，产生光晕、空间和立体感，如图 3-78～图 3-81 所示。

图 3-78　色彩渐构设计案例（一）

图 3-79　色彩渐构设计案例（二）

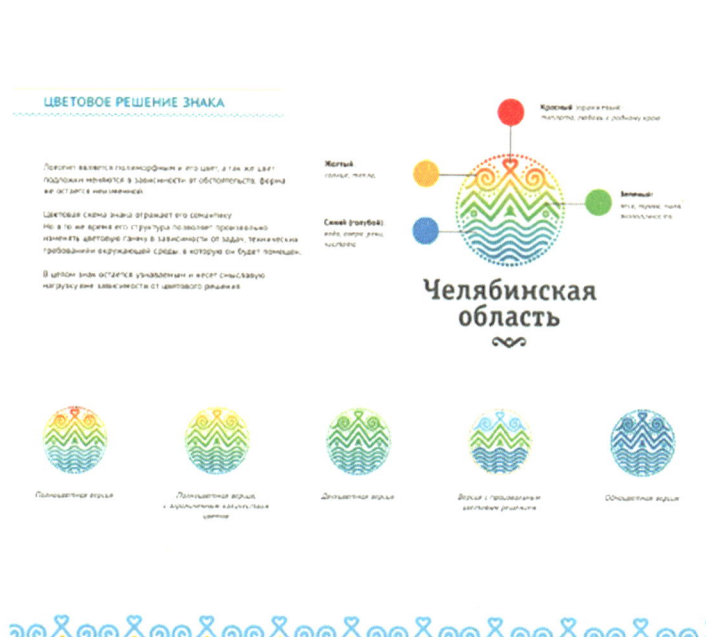

图 3-80　色彩渐构设计案例（三）

图 3-81　色彩渐构设计案例（四）

三、辅助色

辅助色主要用于衬托表现企业理念和象征意义，企业标准色和辅助色配合使用，以增强企业表达的多彩表现和活力。通常利用色彩的差异性区分子母公司或部门及品牌、产品的分类，如图3-82和图3-83所示。

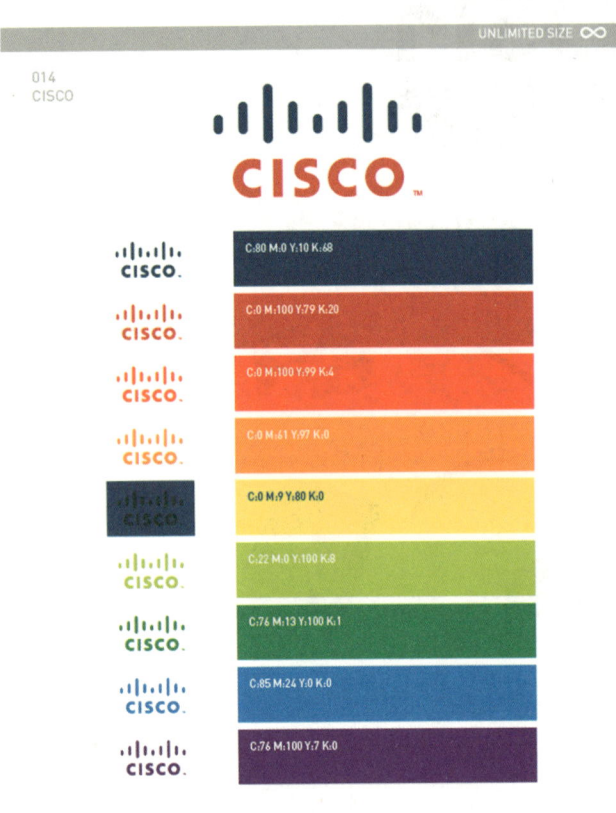

图3-82 辅助色案例（一）

图3-83 辅助色案例（二）

四、标准色及辅助色标注方法

依据印刷彩色制版的分色百分比而设定，此为印刷与设计最为常用。洋红M、青蓝C、黄Y、黑色K。世界通用的PANTONE油墨色标，也是常见的色彩编号表示法，如图3-84和图3-85所示。

图3-84 色彩编号表示法（一）

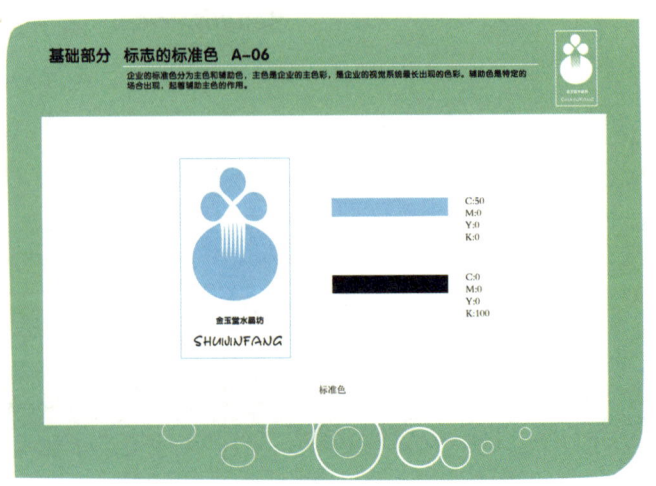

图3-85 色彩编号表示法（二）

标志色彩的内容和形式要统一，在设计中，有许多的色彩可以选用，但一定要选择最合适的色彩。一个好的标志要求设计师不仅有较好的设计理念，更要能合理地运用色彩，讲求色彩的配置，要求单纯明快，富于节奏，面积分割合理，这才能满足人们的生存和发展的各种需要，能印证民族发展的本质力量，能包容印象、空间、时空、文字、图像等理念在内的最持久、最稳定、最显著的色彩，让人回味。

第三节　标准字体和印刷字体

在企业 VI 系统中除了标志之外，标准字体和印刷字体是最重要的要素之一。标准字体应用广泛，常与标志联系在一起，具有明确的说明性，可直接将企业或品牌传达给观众，与视觉、听觉同步传递信息，强化企业形象与品牌的诉求力。

文字本身就具有较强的说明性，所以直接用文字组合成企业或者产品的名称具有直接表达品牌的作用。标准字体和印刷字体设定的第一要素是令字体最大化的传播和突出企业或者产品的理念，然后才是美观和同企业标志的美学搭配问题。标准字与标志是一个具有不同作用而又紧密相连的统一体，一个视觉上与众不同的文字组合能给观者深刻的印象，如图 3–86 和图 3–87 所示。

图 3–86　字体设计案例（一）

图 3–87　字体设计案例（二）

一、企业标准字体设计

1. 企业标准字体的概念

标准字体是指经过设计或设定的专用以表现特定企业名称或品牌的字体。通常将企业或品牌的名称、宣传标语、口号等文字通过创意设计，形成风格独特，个性突出的组合整体。经过精心设计的标准字体与普通印刷字体的差异性在于，除了外观造型不同外，更重要的是它是根据企业或品牌的个性而设计的，对策划的形态、粗细、字间的连接与配置，统一的造型等，都作了细致严谨的规划，比普通字体相比更美观，更具特色，可以根据企业需要任意组合，把企业或者产品的理念快速、准确地传达给观者，如图 3–88 和图 3–89 所示。

图3-88 字体设计案例（三）　　　　　图3-89 字体设计案例（四）

标准字体设计包含企业名称标准字和品牌标准字的设计。企业VI系统的基础系统中必须对企业名称进行标准字的设计或者设定，而很多企业除了本身企业名称的标准字体设计或者设定以外，往往还需要对企业产品中各个品牌进行标准字体的设计和设定，这成为企业VI系统中标准字体设计的重要内容，如图3-90～图3-92所示。

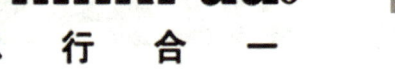

图3-90 字体设计案例（五）　　图3-91 字体设计案例（六）　　图3-92 字体设计案例（七）

2. 企业标准字体的设计要求

(1) 标准字造型要与标志造型相融合。

在应用中标准字体是和标志组合出现的，所以标准字体的设计实际上也是和标志的关系的设定。标准字与标志是一个具有不同作用而又紧密相连的统一体，通过设计规划它们之间组合的位置、方式，达到协调配合，均衡统一，既具有美感，又能鲜明地传达出企业文化和经营理念。标准字体的风格可以是标志风格的延续，可以以平凡的字体突出标志的特色，也可以通过设计风格字体加强标志的设计内容，如图3-93和图3-94所示。

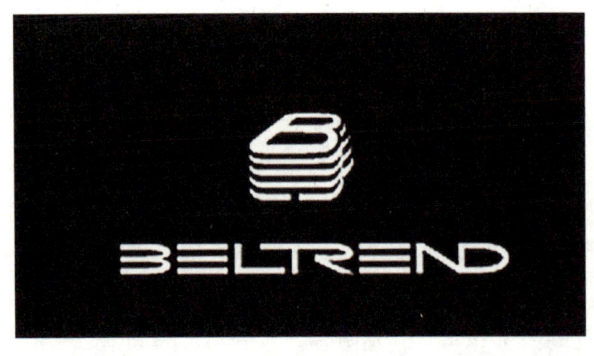

图3-93 字体设计案例（八）　　　　　图3-94 字体设计案例（九）

(2) 标准字的造型要能够表现出独特的企业性质和商品特性。

经过个性化处理后的企业名称或产品名称的标准字，具有独特生动的符号性，它能够表达丰富的内容。通常由细线构成的字体容易让人联想到纤维制品、香水、化妆品；圆滑的字体容易让人联想到香皂、糕饼、糖果；浑厚粗实的字体则常用于表现企业的实力强劲；棱角形字体容易让人联想到机械、工业用品。不仅不同字体可以使标准字造型能表现出商品的个性，而且在标准字上加以具有象征、暗示、呼应等造型因素后，更能表现出企业或商品的特质，如图3-95～图3-99所示。

图3-95　字体设计案例（十）　　　图3-96　字体设计案例（十一）　　　图3-97　字体设计案例（十二）

图3-98　字体设计案例（十三）　　　图3-99　字体设计案例（十四）

(3) 标准字设计应该与企业的形象战略相符合。

不少企业在实施CI战略时，可能会保留原有的标准字造型或只做少许的改良，使之符合企业的形象战略。这往往是由于企业的标准字经过长期的传播和使用，已经得到社会大众的认同，如做突然的改变，会使消费者无所适从。因此很多企业选择了循序渐进、不断改良的设计战略。

3. 企业标准字体的分类及常用设计方法

企业标准字一般分为中文和英文（不同国家的语言文字不同，标准字体内容的选择也不同）。为了企业的国际化发展，企业会设定一套英文字体。中文字体和英文字体的组合搭配给应用部分的使用带来了丰富的变化和可能性。

标准字体的设计可划分为书法标准字体、装饰标准字体和英文标准字体的设计。

(1) 书法标准字体设计。

在东方文化中，书法是最精粹、最受尊崇的艺术形式之一。它有着悠久的历史传统，是传统的儒家思想和艺术技巧的完美结合，既有艺术性，又有实用性。有些品牌直接用书法字体作为名称，展现出特定的视觉效果，饱含浓郁的民族风格、文化意味以及乡土特征，画面富有变化。但是，书法字体也可能给视觉系统设计带来一定困难。企业标准字体应以清晰易辨为原则，首先是与商标图案相配的协调性问题，其次是是否便于迅速识别。

书法字体设计，是相对标准印刷字体而言，设计形式可分为两种：一种是针对名人题字进行调整编排，如北京大学的标准字体；另一种是设计书法体或者说是装饰性的书法体，是为了突出视觉个性，特意描绘的字体，这种字体是以书法技巧为基础而设计的，介于书法和描绘之间，如图3-100～图3-103所示。

图 3-100 字体设计案例（十五）

图 3-101 字体设计案例（十六）

图 3-102 字体设计案例（十七）

图 3-103 字体设计案例（十八）

(2) 装饰标准字体设计。

装饰字体是最常用到的标准字体设计的方法。在视觉识别系统中，以装饰字体作为标准字体具有美观大方、便于辨识、应用范围广等优点。打破以往传统美术字和电脑印刷字的笔形，结构，去创造出一种新型的、富有个性的字体。在字体设计构思时，配合标志的风格从"形""意"入手，由"意"通过复杂的心理活动并利用形式法则创造出可视的"形"，并通过这个"形"直接或间接地对"意"的内涵进行进一步的表现。这样的过程，即为以"意"生"形"，以"形"表"意"，最终目的就是开发创意的灵感。

设计时一定要摆脱印刷字体的字形和笔画的束缚，在基本字形的基础上，根据品牌或企业经营性质的需要进行装饰、变化加工，形意兼具达到加强文字的精神含义和富于感染力的目的，如图 3-104～图 3-109 所示。

图 3-104 字体设计案例（十九）

图 3-105 字体设计案例（二十）

图 3-106 字体设计案例（二十一）

图 3-107 字体设计案例（二十二）

第三章　VI基础系统设计

图3-108　字体设计案例（二十三）　　　　　图3-109　字体设计案例（二十四）

以桂林米粥品牌的标准字体设计为例。将桂林山水之美，巧妙融入标志，标准字体以米粒的形象作为元素，很好地呼应了标志，同时也传达出企业的经营性质，不仅具有特色，而且意境优美，如图3-110~图3-112所示。

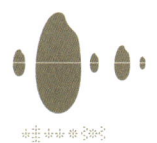 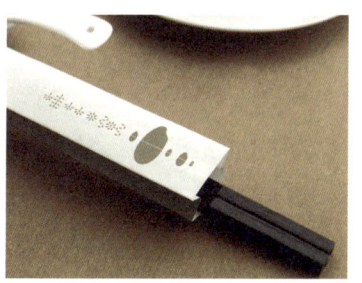 

图3-110　字体设计案例（二十五）　　图3-111　字体设计案例（二十六）　　图3-112　字体设计案例（二十七）

（3）英文标准字体设计。

企业名称和品牌标准字体的设计，一般均采用中英两种文字，以便于同国际接轨，参与国际市场竞争。在拉丁字母确立为拉丁文化圈的书面传播基本工具后，字母的书写形式则因不同的地域和条件而发生变化。但字体都保存了字形的基本结构，使字母作为文字的一部分有效地起着作用。

从设计的角度看，英文（包括汉语拼音）字体根据其形态特征和设计表现手法，大致可以分为四类：一是等线体，字形的特点几乎都是由相等的线条构成；二是书法体，字形的特点活泼自由、显示风格个性；三是装饰体，对各种字体进行装饰设计，变化加工，达到引人注目，富于感染力的艺术效果；四是光学体，是摄影特技和印刷网络技术原理构成，如图3-113~图3-118所示。

图3-113　字体设计案例（二十八）　　图3-114　字体设计案例（二十九）　　图3-115　字体设计案例（三十）

4. 标准字体的规范化

与标志设计基本相同，标准字体也要运用标准化制图加以规范。特别是细部的清楚标注，如拐角的曲线度数、曲线圆心的位置，务必重视细节的标准化标注，以便于在实际中运用标准化的标准字体。

图 3-116　字体设计案例（三十一）　　图 3-117　字体设计案例（三十二）　　图 3-118　字体设计案例（三十三）

二、企业印刷字体设定

除了标准字体的设计以外，一般在 VI 系统中我们还要为企业进行印刷字体的设定。企业在很多其他细节之处也要用到文字，例如门牌、广告语、策划书、指示路牌等。如果对这些文字都进行单独的标准字体设计，一是工作量太大，二是不可能全部涵盖到，所以对于这些常用的而且是用到最多的字体，一般 VI 系统中会指定一种或几种印刷字体。作为专用印刷字体就要根据已有的字库来选择一款。专用印刷字体不宜太花哨，尽量使用正规的字体（如宋体、黑体等）。

选择企业印刷字体应遵循如下原则。

1. 体现企业理念，与标准字体协调

印刷字体的选择与企业形象要相配合，在与标志同时出现的场合，印刷字体应与标志相协调，陪衬出标志的视觉中心位置。

2. 充分利用印刷字体本身的特征

印刷字体有很多种，必须根据每种字体本身的特征进行选择，例如宋体和黑体就适合使用在标题或者正式的内文中，而圆头体的文字则适合出现在各种比较活泼的场合等。

3. 印刷字体的设定在字形上不能差别过大

印刷字体一般设定几种以应用在不同媒介，但不能种类过多，差异性不能太大，否则就会使 VI 系统中视觉形象产生混乱，不利于企业形象的统一呈现，如图 3-119～图 3-121 所示。

图 3-119　字体设计案例（三十四）　　　　　　图 3-120　字体设计案例（三十五）

图 3-121　字体设计案例（三十六）

第四节　辅助图形设计

辅助图形是 VI 基础部分的内容之一，辅助图形与标志是视觉传达系统中的两大图形要素，相对标志而言辅助图形是辅助视觉符号，从字面上看辅助图形应该处于助手的位置。辅助图形是丰富活跃企业视觉形象的重要工具。在标志的应用过程中，辅助图形可以增强整体识别性，可以强化企业标志的视觉效果及内涵意义，还可以增强视觉沟通和系统应用的适应性、灵活性。辅助图形是企业识别系统中的辅助性视觉要素，它包括象征图形、企业造型和组合编排等三个方面的设计。

一、象征图形

企业象征图形是为了配合基本要素，在各种媒体上广泛应用，并在内涵上体现企业精神，衬托和强化企业形象的视觉图形。通过象征图形的丰富造型，来补充标志符号建立的企业形象，使其意义更完整、更易识别、更具表现的幅度与深度。象征图形在表现形式上采用简单抽象的图案，与标志图形既有对比又有保持协调的关系，也可由标志或组成标志的造型内涵来进行设计。在与基本要素组合使用时，要有强弱变化的律动感和明确的主次关系，并根据不同媒体的需求作各种展开应用的规划组合设计，以保证企业识别的统一性和规范性，强化整个系统的视觉冲击力，产生出视觉的诱导效果。

象征图形可以是单纯的线、抽象图形、具象图形、图像等，也可以是系列化的图形、图像等。

1. 象征图形的作用

在应用过程中象征图形有比标志更为广泛的应用频率和应用效果，有的甚至把它称为核心图形。象征图形同标志比，更灵活，更方便，可以有放大、缩小、变形、单色化等各种变化形式。有的象征图形是由标志变化而来的。在很多时候象征图形作为一种背景图形，起到装饰的作用。在使用面积上来看，有时候象征图形经常会被大面积使用，所以，象征图形设计得好坏，细节做得考究与否，都至关重要，如图 3-122 和图 3-123 所示。

2. 象征图形的设计方法

象征图形的形态设计有多种方法，主要的构思方式有四种。

图 3-122　象征图形案例（一）　　　　图 3-123　象征图形案例（二）

(1) 基于标志图形要素的衍生变化。

即将标志图形作为母体进行繁衍变化，直接对标志进行缩放、翻转、解构等设计变化形成的新图形。

标志作为象征图形与单纯的标志不同，标志的规范性、严谨性等决定了标志不能够轻易变化，否则对大众就是一个不好的误导。为了解决这个问题，有些公司把标志分成独立使用和作为象征图形来使用两种使用模式，既保持了统一，又使得标志在某种应用的场合可以适当变化，以适应不同的使用环境。

以悉尼戏剧公司为例。2009年，悉尼戏剧公司任命了新的创意总监，并采用了一个更加令人激动的外观——黑白双色的泡泡，以剧场聚光灯的形状组成了新标志，同时将其放大并大量地应用在公司产品及宣传品中。这个案例中，象征图形的造型是直接将标志放大使用的，这样的象征图形在造型形式上与标志明显相统一，如图3-124～图3-127所示。

公司标志作为象征图形来使用，并且运用到了构成里面群化的手法，将标志做横、竖和斜向上的重复排列，增强了标志使用时的丰富变化和视觉冲击效果，如图3-128和图3-129所示。

图 3-124　象征图形案例（三）　　　　图 3-125　象征图形案例（四）

图3-126 象征图形案例（五）　　　　　　　　　图3-127 象征图形案例（六）

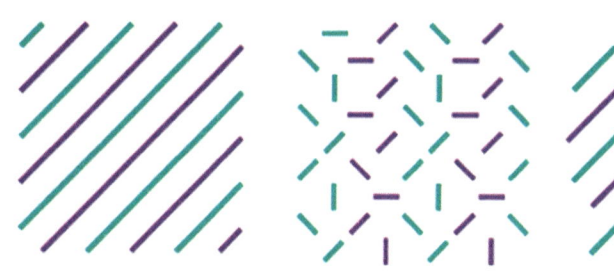

图3-128 象征图形案例（七）　　　　　　　　　图3-129 象征图形案例（八）

对标志图形进行重复、拆分、重组、对称等解构设计也是象征图形常用的设计方式。标志的解构，意味着作为象征图形的元素始终具有同一渊源，解构后的形象是对标志的变化的新解读。

毕加索的立体主义，就是解构的开始，人物的元素可以以不同侧面、不同角度呈现在一个画面，这是一种新的形式的探索，也是一种由整体到部分的思维观的变化，这个变化后的部分又可以重新构成新的整体。这是视觉体验者的游戏，也是标志设计者的智慧。

以葡萄牙电力集团（EDP）的标志、象征图形及其应用为例。葡萄牙电力集团针对不同的一系列项目，通过视觉很好地进行了区分，设计了一系列象征图形加以应用。虽然这一系列象征图形在造型、色彩上不尽相同，可是它们风格统一，犹如建造了一个巨大的EDP视觉王国，应用在不同项目的设计中，让客户不必仔细阅读文字，就可以分辨出来是什么产品，如图3-130和图3-131所示。

(2) 诠释型。

针对标志进行语言解释，以帮助表达标志含义或者引发观者联想，在形态设计上可以将对标志设计含义的图形化诠释或者联想启发的角度作为切入点。象征图形与标志图形不一定有直接关系，可以是具象图形也可以是抽象图形。

以break bread面包店为例。break bread面包店的象征图形利用图形化的语义，对标志做了进一步的诠释，使标志中未充分发挥的部分得到全面的说明。这类象征图形在形态上与标志可相似可不同，但其内在语义和整体风格要与标志一致。利用象征图形带给受众的思维联想，可以起到更好的意愿表达与沟通，如图3-132～图3-134所示。

图3-130 象征图形案例(九)　　　　　　图3-131 象征图形案例(十)

图3-132 象征图形案例(十一)

图3-133 象征图形案例(十二)

图3-134 象征图形案例(十三)

(3) 独立型。

象征图形的形态与标志图形无直接关系，只是起到装饰、凸显或烘托氛围的作用。可从对比、装饰或强调的角度来考虑造型，或将企业或品牌的标志性事物形象化、图形化，或另外绘制与品牌形象风格相吻合的插图或装饰画等作为象征图形。

以闽艺术中心品牌形象设计为例。该项目位于中国东南沿海的福建泉州，占地约100亩，依托"桃花山景、闽南文化、当地艺术"提供内容丰富、层次多样的产品与服务，作为闽南文化艺术区发展的开端，全产业链的艺术文化活动和旅游度假休闲活动，特色鲜明、兼利共赢。闽艺术中心将顺应时代、经济、社会、文化的需求，填补泉州地区甚至闽南地区的文化艺术空白，引领泉州文化艺术事业走向产业化、国际化。象征图形的设计延续了几何元素，呈现出既统一又丰富的、极强的风格及装饰性，如图3-135～图3-144所示。

图3-135　象征图形案例（十四）

图3-136　象征图形案例（十五）

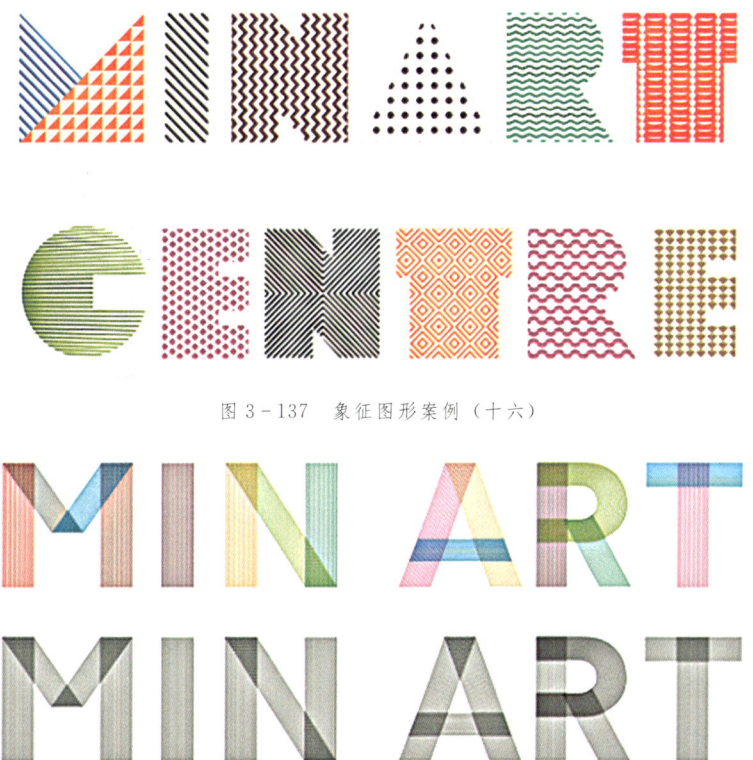

图3-137　象征图形案例（十六）

图3-138　象征图形案例（十七）

图3-139 象征图形案例（十八）

图3-140 象征图形案例（十九）

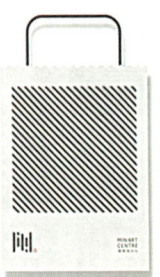

图3-141 象征图形案例（二十）

图3-142 象征图形案例（二十一）

图3-143 象征图形案例（二十二）

图3-144 象征图形案例（二十三）

（4）系列性。

象征图形的系列化，能够有效防止大众产生审美疲劳，既能够保证象征图形的辅助装饰作用，又能够给人多变的印象，在现今的社会是能够符合时代潮流的一种选择。

以联合利华的标志设计为例。在2005年，联合利华启用了新的标志和象征图形，之前广为人知的字母U仍是标志的主图形，所不同的是由25个小图形组成U字母。象征图形的造型是提取这些小图中的任意一个或几个图形放大组合而成，造型丰富多变。这样很好地传承了母元素标志的风格，但是又不完全相同。完美体现了变化统一这一原则。标志与象征图形就好像母元素与子元素的关系，这样，一方面可以保留标志的风格，使象征图形与标志之间有很好的传承关系，象征图形在强化标志的同时，也凸显了自己的个性，如图3‑145和图3‑146所示。

图3‑145　象征图形案例（二十四）

图3‑146　象征图形案例（二十五）

二、企业造型

企业造型又称为商业角色或吉祥物，企业造型是为了强化突出企业或产品的性格特征，而设计的漫画式人物、动物、植物、风景或其他非生命物等，作为企业的具体象征。吉祥物在VI系统中是作为对标志图形的补充图形出现的。吉祥物有着标志不可比拟的优势，如运用的范围比标志更广，可介入的媒介更多，应用手段更灵活，这也是为什么吉祥物设计在整个VI系统中越来越受到重视的重要原因。

吉祥物的造型设计应平易近人、亲切可爱，可以给人留下强烈的印象，成为视觉的焦点，形成塑造企业识别的造型符号，直接表现出企业的经营管理理念和服务特质。比如人见人爱的"麦当劳小丑叔叔"，他们亲切热情地在每家麦当劳的连锁店门口，统一构成了人们对麦当劳的品牌和产品的认识，做到了最好的企业形象的推广。

实际上吉祥物就是一个企业人性化的代表，通过吉祥物的表演，企业把自己要说的话、想做的事直观地展现在受众面前，相对于标志形象更容易让受众接受。吉祥物一般都具有以下特征。

1. 亲切感

亲切感是吉祥物具备的第一要素。好的吉祥物是企业或者产品的人格化体现，能让受众在欢歌笑语中对企业灵魂、性格和产品的特性有一个形象化的了解和记忆，并留下美好难忘的印象。而且好的吉祥物还能够扩大企业受众的范围，让受众在不知不觉中被企业所吸引，从而对企业产品产生兴趣，达到企业的商业宣传目的。另一方面，吉祥物的运用也使企业对自己的形象推广柔性化、灵活化，能更大范围地推广企业，做到标志形象做不到的事情。

以伦敦奥运会和残奥会的吉祥物为例。该吉祥物富有超现代的感觉，而他们背后所蕴藏的含义也让世界看到了伦敦人民对于奥运会这项赛事的尊重和憧憬。

伦敦奥运会两个吉祥物的名字浓缩了英国与奥运会及残奥会历史的渊源。奥运会吉祥物"文洛克"是以现代奥运会的雏形——英国文洛克奥林匹亚运动会命名的。而这项古老的赛事正是现代奥运之父顾拜旦创造现代奥林匹克运动会的灵感来源地之一。在19世纪，顾拜旦曾被邀请去那里观看文洛克游戏，顾拜旦大受文洛克游戏的启发，进而创立了现代奥林匹克运动。至今，文洛克游戏仍在举行。因此，为了纪念文洛克奥林匹亚运动会，伦敦奥运会决定将吉祥物命名为"文洛克"。

残奥会吉祥物"曼德维尔"是以1948年举行残疾人体育比赛的英国斯托克曼德维尔脊髓损伤中心命名的。

20世纪40年代，古特曼医生在斯托克曼德维尔医院建立了脊髓科，帮助所有受到脊髓疾病伤害的退役军人。限于当时的医疗水平，所以院方鼓励他们通过参加体育运动达到康复的目的，其渐渐演变成为斯托克曼德维尔运动会，这项赛事也被认为是现代残奥会的先行者。

吉祥物头上的黄灯标志来自于伦敦的标志性出租车；手上戴有奥运友谊手环；大眼睛事实上还有照相功能，目的是见证他们每一个去过的地方和见过的人。伦敦奥运会组委会主席表示，吉祥物是为儿童创作的，他们将把儿童和运动联系在一起，讲述让人们引以为自豪的奥运会的故事。文洛克将帮助孩子们健康成长，如图3-147～图3-149所示。

图3-147 "文洛克"和"曼德维尔"（一）

图3-148 "文洛克"和"曼德维尔"（二）　　　　　图3-149 "文洛克"和"曼德维尔"（三）

2．灵活性

企业吉祥物具有可变的灵活性，通常设计多种表情、姿态，以适用于不同的场合。一个企业可以通过多个吉祥物来反映其不同方面的经营理念和产品特征。这里还要强调的是由于吉祥物是拟人化的，所以可以从人的角度完全对其进行各种不同的造型动作设定，用语言、表演等多种多样的方式来展现企业的理念。而且可以被更多媒介所采用，产生很多附加的经济效益，例如制作动画片，生产吉祥物玩具，制作吉祥物贴图、贺年卡等。往往一个好的吉祥物的产生，使得企业有了新的经济增长点。

以酱就好绘画馆为例。在广州本土一群热爱插画设计的年轻人，他们为实现自己的梦想在一步步打拼，终于成立了"酱就好绘画馆"，他们希望通过自己的绘画，给生活带来更多正能量，更好的生活态度。"酱就很好"这也是他们一直以来坚持的理念和生活态度。

吉祥物在造型上具有很好的通用性，可以在各个场合应用，造型本身可以自由地表现各种不同的动作。很多设计师在设计吉祥物的时候忽视了通用性的问题，他们的作品往往只在一个特定的角度下是完整的，但是换一个角度的表现则差强人意，或者设计出的吉祥物只能表现某几个动作或者表情，缺乏各种动作的表达或各种表情的传达。吉祥物作为一个拟人化的造型设计，一定要考虑到它作为动画的运用，而作为一个可用作动画的造型，各个角度、各个动作的展现则是吉祥物必备的要求，"酱就好"的设计师充分考虑到了这点。在应用中吉祥物也要考虑到使用时的场合，"酱就好"简洁明快，在各种场合下都易于识别，当吉祥物在缩小的状况下仍易识别，清晰明确，如图3－150～图3－154所示。

图3－150 "酱就好"（一）

图3－151 "酱就好"（二）

图3－152 "酱就好"（三）

图3－153 "酱就好"（四）

图3－154 "酱就好"（五）

以oktopod——俄罗斯零售连锁品牌为例。设计师：Smart Heart（见图3－155和图3－156）。

图3－155 oktopod（一）

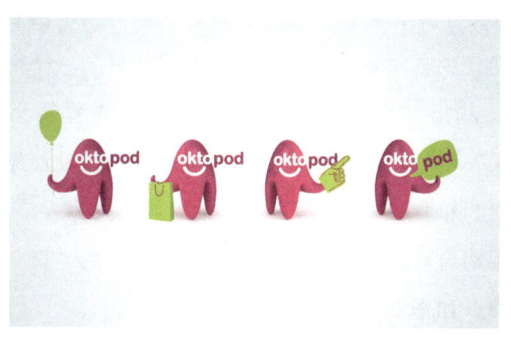

图3－156 oktopod（二）

3. 跨文化性

由于吉祥物的拟人化设计,往往还会产生另外的效益,那就是跨文化性。很多吉祥物设计带有儿童的特征,这样的特征是所有人都喜爱的,典型的例子如米老鼠等。也正是由于这个特点,用吉祥物作为跨文化的企业形象往往要好于标志形象本身。特别是中国企业在今天要走出去的情况下,一个好的吉祥物设计往往能在更大程度上吸引国外受众的眼球。标志设计往往由于其图形的地域化特征或者审美心理的不同,一般不容易做到被所有人认同,而吉祥物则不同了,卡通式的、可爱的、活泼的吉祥物造型是国际通用的标志,只要做好了吉祥物的设计就等于有了一个全球通行的企业形象,使得企业更容易在全球市场上得到形象的认同和推广。

以2014年巴西世界杯吉祥物为例。2014年巴西世界杯的吉祥物——犰狳。犰狳(读音:qiú yú),又称"铠鼠",是生活在巴西内陆地区的一种濒危物种,在感受到外部威胁时,犰狳会缩成一圈,用甲壳保护自己,此时形态同足球相似。设计人员将犰狳的形象卡通化,从而抽象出巴西世界杯的吉祥物。这只犰狳头部带有蓝色甲壳,背部和尾部亦为蓝色,脸部和四肢为黄色,身穿带有"巴西2014"字样的白色T恤以及一条绿色短裤,让人联想到巴西国旗的颜色搭配。"Fuleco",是"足球"同"生态"的结合,将环保理念注入足球运动,如图3-157所示。

图3-157 2014年巴西世界杯吉祥物

4. 民族性

一个好的吉祥物造型一定是具有强烈的民族特征的。虽然吉祥物具有跨文化特征,但是好的吉祥物造型一定会具有企业本身的地域特征。只有民族的才是世界的,好的吉祥物也是这样。往往很多吉祥物造型被人遗忘不是因为设计得不好,而是它不具备本身的民族特征,特别是在今天这样的社会中,几乎所有的视觉元素都被充分开发出来,要设计出好的设计,唯有再次回到民族性的基础上。这里的民族性不是指用传统的表现手法去设计现代的吉祥物,而是精神上的民族性,一个好的设计即使做得再前卫也要让人一眼就知道是哪里的设计。

以2015年意大利米兰世博会中国馆吉祥物为例。吉祥物的名字叫"和和""梦梦"设计源自"天、地、人、和"中的"和"字,并结合惠山泥人的设计原型。"和"由"禾"和"口"组合而成。"禾"代表水稻,延伸意义为粮食;"口"代表饮食,延伸意义为人口。"禾"与"口"的组合,不仅紧扣世博会主题,也与中国馆主题相吻合。吉祥物身躯源自"和"字中的"口"字,手拿体现"禾"字的稻谷,形象具有积极、友善、乐观的精神,如图3-158所示。

以2010年温哥华冬奥会为例。吉祥物是根据温哥华所在的不列颠哥伦比亚省(卑诗省,BC,Canada)的神话传说所创作的 3 个卡通形象，如图 3-159 所示。

图 3-158 "和和"与"梦梦"

图 3-159 2010 年温哥华冬奥会吉祥物

三、组合编排

为使企业建立统一的视觉识别体系，并适应于各种不同媒体和场合上的应用，需设计出一套规范化、系统化、统一化，并将各基本要素创建富有延展性的组合模式。组合编排是将基本要素组合起来进行运用。在标志、标准色、标准字体、象征图形、企业造型的设计完成之后，接下来的任务就是这几个基本要素之间的编排以及规范的设定。基础要素规范化的组合编排，为以后应用部分的使用提供了方便，同时也为整体形象的统一与规范打下基础。标准组合要完成图形、字体大小、距离、位置、色彩搭配等的设计美感任务。组合编排也可以设计出自己想要的风格，横排、竖排、上下排列、环绕排列等，活跃型的编排、严谨型的编排、商业型的编排、文化型的编排等，都可以进行编排的整体定位，如图 3-160 和图 3-161 所示。

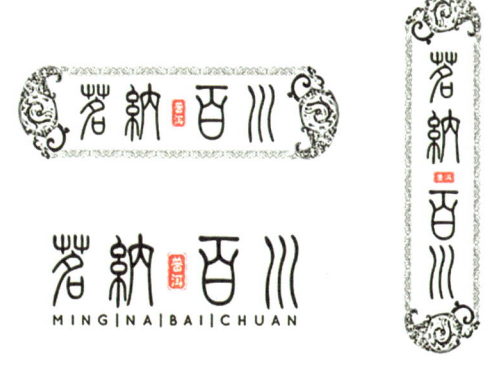

图 3-160 组合编排（一）

图 3-161 组合编排（二）

所有组合形式都是以标志各部的宽度为模式组成单元。当组合模式的编排确定之后，为方便制作和使用，确保企业视觉识别的统一性和系统化，要绘制出组合的结构图。

常用两种方式表示其结构：其一是直接标示法；其二是符号标志法。

1. 基本要素组合的内容

(1) 使目标从其背景或周围要素中脱离出来而设定的空间最小规定值。

(2) 企业标志同其他要素之间的比例尺寸、间距方向、位置关系等。

2. 基本要素的组合方式

(1) 标志与企业名称（标准字）组合多种模式。

(2) 标志与象征图形组合多种模式。

(3) 标志与吉祥物组合多种模式。

(4) 标志与标准字、象征图形、吉祥物组合多种模式。

(5) 基本要素禁止组合多种模式。

(6) 标志同企业中文名称或略称的组合。

(7) 标志同品牌名称的组合。

(8) 标志同企业英文名称全称或略称的组合。

(9) 标志同企业名称或品牌名称及企业宣传口号、广告语等的组合。

(10) 标志同企业名称及地址、电话号码等资讯的组合，如图3－162～图3－164所示。

图3－162　组合案例（一）

图3－163　组合案例（二）　　　　　图3－164　组合案例（三）

3. 禁止组合规范

(1) 在规范的组合上增加其他造型符号。

(2) 规范组合中的基本要素的大小、广告、色彩、位置等发生变换。

(3) 基本要素被进行规范以外的处理，如标志加框、立体化、网线化等。

(4) 规范组合被进行字距、字体变形、压扁、斜向等改变。

第四章 VI 应用系统设计

教学目标与要求：

本章通过讲述应用系统中的理论和具体实例，使学生明白不同设计项目的不同设计要点及特点，学会在实践中运用专业技能进行设计。

应用要素系统设计即是对基本要素系统在各种媒体上的应用所做出具体而明确的规定。名称、标志、标准字、标准色、象征图形、吉祥物等要素的确定只是形象塑造的基础，只有通过具体的传播才能将这些核心形象的影响力渗透到大众心中，从而体现出实际的意义。

VI 应用项目设计使基本要素的应用具有一系列易于操作与管理的标准化模式，设计目标是使形象要素的表现有效地配合企业行为，最大限度地运用好企业内外、各个层次的视觉接触面，这是一个庞大的系统。在开展应用项目设计之前，应当根据企业的现状及未来的发展做出应用项目的规划，规划要体现出应用项目整体的灵活性、变通性以及项目个体的相对独立性，避免单纯复制设计形式与盲目求大项目开发数量的情况。

企业应用系统的开发大致包括：办公事务系统、产品包装系统、礼品、旗帜设计系统、环境识别系统、交通运输系统、服装服饰系统、销售空间与展示系统、广告媒体系统等。

第一节 办公事务系统

办公事务用品虽是一些细小琐碎的物件，但能体现企业的独特个性与整体形象，影响着企业员工对企业形象的认知。在实际开发中，可以根据企业规模、经营状态以及经营特色来决定具体的办公事务系统设计的项目内容和数量，同时要充分考虑各种办公用品使用与传播方向的特性，注意这些载体在形式材质、加工工艺等方面的规范与限制，创造性地发挥视觉传达效果。

企业经营活动和内部管理中可以使用到名片、信纸、信封、便笺、传真纸、文件夹、资料袋、工作证、电话记录、办公文具、聘书、岗位聘用书、奖状、公告、产品说明封面及内页版式、考勤卡、请假单、名片盒、名片台、办公桌标识牌、及时贴标签、建议箱、稿件箱、企业徽章、纸杯、茶杯、杯垫、办公用笔、笔架、笔记本、公文包、通讯录、各种证书的设计。

1. 名片

名片是个人身份的象征，名片设计的好坏决定使用者留给别人的第一印象的优劣。名片有高档与普通之分，高档与普通名片表明使用者不同的职业身份。名片既方便了使用者介绍自己，也方便了对方的记忆，更方便了以后的联系和相互交流。

(1) 名片的设计要素。由使用者个人的姓名、职位、联系地址、电话、传真、邮编、E‑mail 及公司名称、公司标志、甚至公司的业务范围等。可以以中文穿插英文，或者一面中文、一面英文的设计方式。名片里面有文字的信息，也有图形的信息，比如公司的标志、辅助图形、色带、分隔线条、色块等。

（2）规格。名片的标准尺寸是 55mm×90mm（见图 4-1）。也可以根据个人的喜好，进行高度宽度的变化，但不要低于 45mm，高出 55mm 的造型可选择不同的折叠方式予以变化，如图 4-2 所示。

注：名片的尺寸要能够放置足够的文字、图形信息，同时传递的时候也比较小巧，不会显的过大，也比较有利于保存。

图 4-1　标准尺寸名片（55mm×90mm）

图 4-2　折叠式名片

（3）种类。横式与竖式及异形名片。名片有横式与竖式之分，横竖的比例决定着它是属于横式还是属于竖式的。当水平放置名片时，宽大于高时，它就是横式的，横式的名片由于视野比较宽，所以显得稀疏，视线的流动性比较好，在名片的设计中用的比较多。当竖直放置名片时，宽小于高，它就是竖式的，竖式的名片由于宽比较小，视野比较窄，显得比较有个性，修长的样子显得儒雅而别致，被许多文化人和设计公司所偏爱。异形名片，名片既然是一个人身份的象征，代表着一个人的品位和对美的追求，喜欢标新立异的人就不甘于统一尺寸、统一风格的设计，他们就会想创造一种与众不同的名片，想给人留下深刻的印象。设计能够体现使用者独特的身份与特征的名片已经不再是一个梦想，有许多专门设计名片的小型设计公司就在这方面身体力行地努力着。圆形的、三角形的等名片外形对我们不再陌生，各种印刷工艺的使用也使名片魅力顿生。各种名片案例分析，如图 4-3 和图 4-4 所示。

图 4-3　英国 DELI 公司竖式名片与横式名片

（4）名片的质料和印刷方式。可分为数码名片、胶印名片、特种名片三类。

（5）名片的印刷色彩。可分为单色、双色、彩色三种，如图 4-5 所示。

图 4-4　异形名片

双色印刷

单色印刷　　　　　　　　　　　　　　彩色印刷

图 4-5　名片的印刷色彩

2. 信纸

信纸是适用于书写的纸张。通过邮寄来扩大企业的知名度，从而帮助企业进行自身推广。

(1) 信纸的设计要素。企业标志、企业中英文名称、联系方式及辅助图形、色带、线条、色块等。

(2) 信纸规格。

大 16 开	21cm×28.5cm	正 16 开	19cm×26cm
大 32 开	14.5cm×21cm	32 开	13cm×19cm
大 48 开	10.5cm×19cm	正 48 开	9.5cm×17.5cm
大 64 开	10.5cm×14.5cm	正 64 开	9.5cm×13cm

(3) 信纸设计。

1) 信纸封面设计。做工考究的信纸应为其设计一个封面。信纸的封面起到保护信纸内页的作用，同时也起到了很好的提示作用。企业标志、辅助图形等是信纸封面设计的内容。信纸封面设计要求大气，有比较好的视觉表现效果。

2) 信纸内页设计。信纸的功能是用来写信的，所以，在内页的设计方面将重要的版心部分空下来，在信纸的上面或下面摆放标志、标准色、中英文名称、联系方式等必要的信息。辅助图形用来进行装饰美化信纸的设计。大面积铺设底纹会显得华丽；局部铺设底纹会显得别致；将纹样缩小，以散点式排列会显得雅致；以设计要素做衬底会显得层次丰富。也可以采用有底色的信纸来增加信纸的效果，或者使用放大并且淡化了的标志或辅助图形增加信纸的装潢效果，同时宣传企业的形象。

3) 信纸的材料。80~100g 的普通纸。

案例：信纸设计（见图 4-6）。

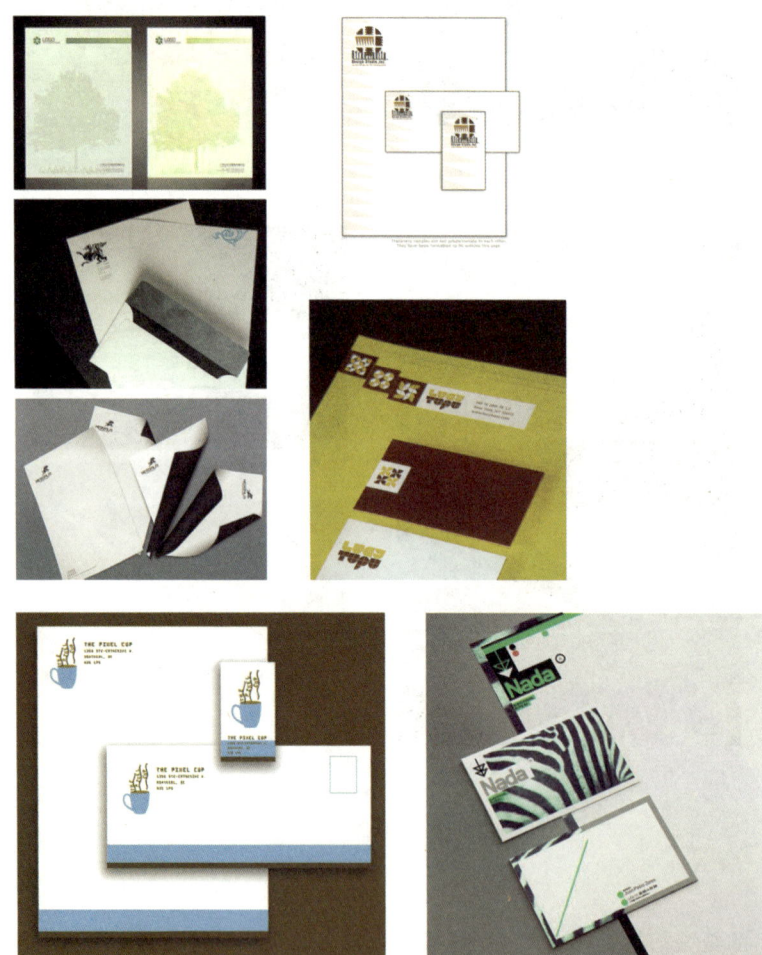

图 4-6 信纸设计

3. 信封

信封是一个公司对外的办公形象的体现，公司的文化内涵、品味要通过信封的风格体现出来。

(1) 信封的设计要素。企业标志、企业机构名称、地址、网址、电话、传真、邮编等。

(2) 信封规格。

小号	220mm×110mm	D1	220mm×110mm
中号	230mm×158mm	C6	114mm×162mm
大号	320mm×228mm		

（3）信封的设计。由于信封是经过邮政部门邮递才能到达对方手中，所以信封设计要符合邮政部门的相关规定。另外，信封的设计与信纸的设计要求要保持统一的风格，上面的文字信息与使用的图形元素应是一致的。

1）国内信封。信封的左上角填写收信方的邮政编码，信封的中间部分填写收信人的地址及姓名，右下角为寄信人的地址及邮政编码。所以信封的设计者只能利用留给寄信人的右下角部分进行信封的设计，同时在距离底部20mm的位置以内只能放置寄信人的邮政编码的信息。

2）国际信封。与国内信封不同，国际信封的左上角是排放寄信人的姓名、地址等信息，中间是收信人的姓名和地址等信息，所以在设计的时候也不能使用国内信封的设计方式，这在设计的时候就要有所考虑，与国内信封的设计区别对待。

3）特殊信封的设计。有些信封是不需要通过邮局寄送的，在设计的时候就可以比较自由，不必按照邮政部门的要求，比如一些请柬、庆典活动的纪念品、重要文件等。

（4）信封的材料。一般信封用80～100g的普通纸即可，中号以上的信封常用白牛皮纸或彩色牛皮纸，特殊信封选用80～120g的特种纸。

案例：信封设计（见图4-7）。

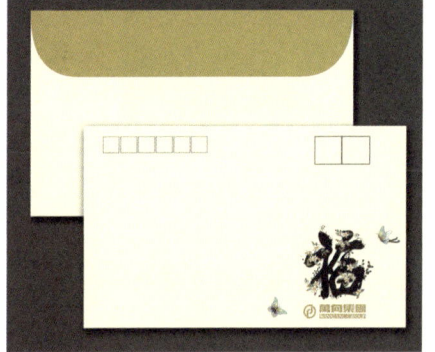

图4-7 信封设计

4. 便笺

草图、速记和记事纸，不做正式文件用纸，规格较灵活。

（1）规格。便笺作为文头纸，为了避免浪费，往往将规格与标准信纸相结合，使其缩小比例，如 1/2、1/3、1/4、1/6、1/9 等。也可以直接使用其他印刷品裁切下来的纸头，这种规格就更谈不上正式了。

（2）便笺的设计。其样式一般与信纸的设计一致。若尺寸过小时，可减少一些设计要素，甚至只使用一些装饰纹样，并作淡化处理，空出作为书写的功能区域。

（3）便笺的材料。便笺的材料多使用较廉价的纸张或再生纸。但也有些企业的个别部门对文头纸的要求较高，尤其是企业中的接待、客户服务等部门就不能太过节约。使用质地较好的办公用纸，也是凸显企业服务品质的手段之一。

案例：便笺的设计（见图 4-8）。

图 4-8　便笺的设计

5. 工作证

工作证是员工身份的证明，既向别人宣传了自己的身份，同时也是员工出入企业的凭证。有利于管理和识别。

（1）工作证设计要素。员工所在企业的名称、企业的标志、员工姓名、所在部门、编号、员工照片，以及辅助图形、色带、线条、色块等。

（2）工作证设计。工作证是企业员工的身份证明，体现着企业的整体工作面貌，正规、规范的工作证表示企业良好的工作氛围。工作证的设计体现着正式、大方的员工风貌。工作证设计中忌讳把元素进行简单的排列，字体的大小，字体的风格、位置都会影响工作证的整体面貌。辅助图形起到美化的作用，当我们感觉设计单调的时候，不妨应用一下辅助图形。在色彩设计方面，工作证的设计也以庄重、大方为宜，太过喧哗的设计，适合一些活动场合和娱乐性企业，一般企业的工作证设计都要把握好设计的尺度，对色彩的设计，既要到位、好看，又不能太过火，设计的太乱，让人工作的时候都受到干扰，甚至对工作证识别的主次关系都把握得不好。

（3）其他办公事物用品的设计。办公事物用品的种类很多，这也体现了设计的基础部分的核心作用与应用部分的庞杂现实。在设计每一项办公用品的时候，要考虑它的功能作用，是干什么用的，它可以提供给设计师的可能性有哪些，我们的设计需要创意，但是是有限制的创意，有效地利用材料，到位细致的传递要传达的信息。既不能为了美化物品而做过头的设计，也不能为了体现庄重的办公室气氛而使用沉闷的颜色或者干脆没有设计。虽然有时候设计可以采取简洁的方式，但简洁并非简单，对细节的仔细推敲，对颜色的有效把握，对效果的反复调整，以及对所有的设计项目的风格的把握，有时候不是一下子就可以达到完整的效果的，要经常反复地看，把那些平时忽略掉的毛病一点一点调整好。在做每一个项目的时候，适当的市场调查都是必要的，看到项目的基本样子，了解材料的基本制作方式。有时我们认为好的设计，在实际操作时发现是不可行的，可能是材料或技术手段达不到。同时，有时有好的材料和技术，我们却有可能没有认识，而失去了好的设计的可能性。

案例：工作证设计（见图4-9）。

图4-9　工作证设计

第二节 产品包装系统

企业的成果很多是以商品的形式出现的,有商品就需要有包装,包装不仅是容纳和保护商品的工具,还是信息传递的有效载体和营销手段,它是企业与品牌形象传播的重要渠道。

1. 产品包装的种类

产品包装的种类从材料来分,包括纸盒包装、金属包装、陶瓷包装、包装纸等;从形态性质分为内包装、个包装、外包装等。

2. 产品包装的风格

包装的风格有传统的,也有现代的;有粗犷的,也有雅致的;有奔放的,也有含蓄的。这里谈到的产品包装风格是与企业商品经营理念一致的包装的整体风格。企业在整体 VI 设计中对产品包装的风格也要进行设定,避免在今后的包装设计中出现风格定位不一致的问题,否则对企业形象的整体提升不但没有好处,而且还会有相反的效果。

3. 产品包装的统一与变通性

企业生产的不同商品间或系列产品间的包装可以采用系列化的设计风格,这就是包装的统一性。这种统一性在强化了包装整体性的同时,也可以起到体现同一企业商品的作用。这样的设计都可以通过辅助图形或标志、色彩的处理,及采用变体标志在不同的包装里面的使用,达到产品包装的统一。当然,产品的包装同时也是针对不同的商品,在包装里面适当体现出商品的个性化特征,在体现包装整体设计的"大同"的同时,也体现具体包装里面的"小异",使包装在整体设计统一之时也能做到适当的变通。产品包装设计,如图 4-10 所示。

图 4-10(一) 产品包装设计

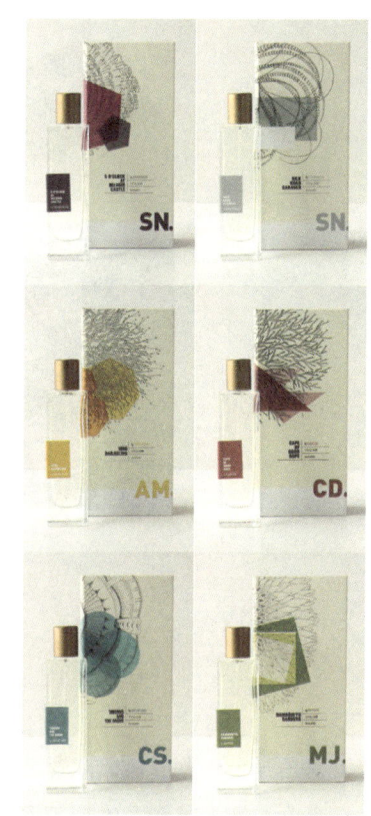

图 4-10（二）　产品包装设计

第三节　礼　　品

礼品作为应用项目里面的一部分被单独列出来，有它一定的原因。礼品的独特性在于它是联系企业与消费者的一个媒介，是企业给消费者的一份温暖，既给企业做了活的广告宣传，也增加了企业在消费者心中良好的印象。在企业的礼品设计里面把企业的标志、字体、色彩、辅助图形等元素恰到好处地表现出来，既美观又大方，不会引起消费者的反感，同时有效地传达了企业的宗旨。

1. 礼品的内容

T恤衫、领带、领带夹、打火机、钥匙牌、雨伞、纪念章、礼品袋、笔、笔记本、手表、U盘、鼠标垫、台历、日历、小型礼品盒、标识伞等。当然有的企业也会根据自己的情况设计一些特别有意义的礼品，这就使得礼品的设计内容由设计师根据企业宣传的需要和经费进行灵活的设计。

2. 礼品的设计

礼品的设计既要符合礼品的原有形象和用途，也要宣传好企业的形象特征。礼品的设计靠的是企业的标志或辅助图形的巧妙编排，根据不同的礼品，呈现不同的排版特色，或放大标志、字体取得突出的视觉效果、或缩小重复排列标志、图形取得雅致的视觉感受。

案例：礼品设计（见图4-11）。

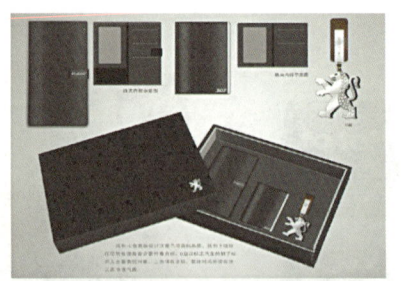
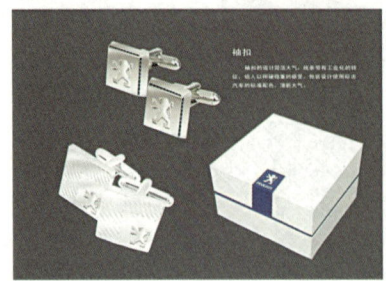

图4-11 礼品设计

第四节 旗帜设计系统

旗帜是一个企业的象征,旗帜的飘扬意味着精神的永存。在 VI 设计中,旗帜也是方向的指南和决心的见证,是企业力量与凝聚力的最好展示,企业借旗帜鼓舞士气,带来大众对企业的信任。旗帜是大众目光的焦点、企业行动的指南、有形象感召力的最好项目。他可以把企业名称、标志、色彩等基本要素做最充分的展示,可以获得明显的效果。

根据旗帜的摆放位置、规格与材料和应用的不同,旗帜分为司旗、竖旗、桌旗、吊旗、POP 旗帜等几类。

1. 司旗

根据企业的规模,较大型的,拥有自己的工厂或楼宇的公司会设计自己的司旗,在适当的时候通过升旗仪式,传递企业的良好形象,特别是在公共场合的升旗仪式,也会给围观的观众打破对企业的神秘感,带来亲切的感受,无形中增加了对企业的关注度。在旗帜称呼中:企业的旗帜叫司旗,学校的旗帜叫校旗,军队的旗帜叫军旗,商店的旗帜叫店旗等。司旗因为其旗帜的规格比较大,所摆放的场合也相对正式,能够用来代表企业或机构的形象,所以名称直接就叫司旗,顾名思义即公司的旗帜。

(1) 司旗的设计要素与方法。设计要素包括企业标志、名称、专用色彩。由于飘动的旗帜很难看清太多的细节,所以设计要求简洁、明确、效果强烈、一目了然,尤其要突出色彩和标志这两个核心要素。

(2) 规格。大中型企业:1440mm×960mm,中小型企业:960mm×640mm。

(3) 材料及印刷工艺。大多数情况下,旗帜使用尼龙防水面料,以胶印工艺印制。质量要求较高时,可以采用特殊面料,水印工艺制作。特殊情况下,要求较高时,也可以使用刺绣工艺来制作。

案例:司旗设计(见图4-12)。

2. 竖旗

竖旗是为烘托气氛而使用的旗帜。从名称来看,它是从旗帜的形状来命名的,它的形状肯定是竖的。竖旗的存在得意于电线杆和灯杆,在电线杆和灯杆上面悬垂竖旗,既能有效的利用空间,也为企业进行了宣传,同时美化了环境,可谓一举多得。

图 4-12　司旗设计

(1) 竖旗种类。竖旗分广告旗和形象旗两类。广告旗是根据具体的广告主题来设计，为具体广告活动服务。形象旗则是常规用旗，在任何活动中可与不同主题的广告旗一起使用。

(2) 竖旗的设计要素与方法。竖旗中的形象旗与司旗的设计要素基本一致。但不同于司旗的是，大多数竖旗都以固定方式展开，整个幅面都能够完全展现，如果有足够的位置，可以考虑加上企业标语，用于传达企业精神。还可以增加渲染活动气氛的元素和产品的图片、代言人等形象元素。由于竖旗一般是使用在灯杆等环境下，设计可以单幅或两幅形成系列，也可以几幅形成系列，展示的时候根据设计师的顺序进行重复排列，体现一种独特的秩序感和形象感。竖旗的设计一般是竖构图，设计要素在排列时要和构图方向相配合。在这个时候可以使用 VI 基础部分的组合里面的竖式排列的组合。

(3) 规格。竖旗的宽度通常为 750mm，长度可根据旗帜竖立所处的环境和具体需要确定。灯杆竖旗的一般尺寸为 750mm×1500mm。

(4) 使用场合。可用于与企业相关的重要活动、本企业赞助的重要活动、节庆日、企业周年纪念日等。这样既可以营造热闹喜庆的气氛，又可以不失时机地宣传企业，这是强化企业形象认知的良好时机和方式。

(5) 材料及印刷工艺。参照司旗。

案例：竖旗设计（见图 4-13）。

图 4-13　竖旗设计

3. 桌旗

听它的名字就知道它是根据产品摆放的位置得名。在比较正式的场合，会议室的会议桌或企业领导的办公桌上会放置象征企业形象的桌旗。桌旗的摆放增加了正规而严谨的气氛。桌旗根据它的形状，又可以叫刀旗，因为它斜插在旗坐上的时候，样子就像一把刀。

（1）桌旗的设计。桌旗是缩小了的司旗，设计的元素及风格同司旗基本一样，因为都是出现在比较正规与正式的场合，设计宜庄重，不宜太过花哨。也保持住严谨、正规的风格。桌旗多为对式摆放，设计时可以让两面旗完全一样，形成重复关系。也可在色彩上正负调换，形成对比。

（2）桌旗的规格。桌旗规格一般为：210mm×140mm（横式），140mm×210mm（竖式）。也可有不同的尺寸规格。

（3）材料及印刷工艺。室内的桌旗除了可以用与司旗基本一致的材料及印刷工艺外可以使用纸面材料及其相应的印刷工艺。

案例：桌旗设计（见图4-14）。

图4-14 桌旗设计

4. 吊旗

顾名思义，是悬吊起来的旗帜，我们有时候也把这种旗帜称为挂旗。吊旗一般是悬挂在商场或空间的顶部及墙面上，用来宣传企业形象或促销商品。它与竖旗一样，不是平时悬挂的旗帜，是在一些活动中为了活跃气氛、增加效果而悬挂的。

（1）吊旗的设计要素与方法。吊旗在设计元素的选取上，除了企业活动的标志、字体、色彩等基本要素外，还可以增加一些喜庆效果的图，吉祥物也可以使用。吊旗的设计像竖旗一样，可以设计系列化形象，可以重复排列，既美观，又有利于识别和加深印象。如：吊旗可以通过底色变化形成系列化、通过辅助图形延续形成系列化、通过吉祥物动作变化形成系列化等。

（2）吊旗种类。形象旗和广告旗两类。它们可以同时出现，一起使用。

（3）吊旗的规格。一般据实际需要而定，基本形为正方形和长方形，但形状、尺寸可灵活设计。

案例：吊旗设计（见图 4-15）。

图 4-15　吊旗设计

5. POP 旗帜

"POP"是销售点的意思，所以，POP 旗帜主要运用在销售方面，起到促销的作用，设计的时候可以更加活跃，相应地跟节庆日结合起来更有效果。有时候还可以针对销售地点，设计相应的 POP 旗帜，结合立体造型，寻找突破口，也可以设计促销礼品 POP 旗帜，这都是可以开发的方向，如图 4-16 所示。

图 4-16　POP 旗帜设计

第五节　环境识别系统

环境识别系统主要是指企业形象系统在建筑环境中的多维体现。它是体现企业整体形象的重要载体，是融环境功能与视觉形象为一体的形象工程。环境识别系统包括与企业内外生产、生活相关的环境设施，即工厂环境、办公环境、卖场环境构成环境识别系统的三个基本种类。三个种类相比较，工厂环境比较注重功能性，机器设备的摆放、产品的各个环节的合理性利用，可以在工厂环境中配合一定的标志牌指明各个车间及工作流程。办公环境通常使用率比较高，环境色彩适合庄重及避免过分喧闹的环境设计，部门指示牌可以用来区分办公的各个部门。卖场的环境设计比较复杂，通常为了促销的原因，卖场会通过活动区、POP 的各种设计来吸引消费者，活跃气氛。

环境识别系统是企业对内外情报传达的大众化媒介之一。它能比较直观和明确地传达出企业的标志、字体、图形等形象，好的环境识别系统设计会给消费者清楚的记忆和想象。环境识别系统设计，是表示企业和产品存在的标志，包括标识牌、公共标识、企业形象墙、企业形象塔、标识雕塑和建筑外观等几部分。

1. 标识牌

又叫形象招牌或企业导识系统、导示系统，是指放置在企业所属或者租用的工人入口处、写字楼入口处及主要建筑墙体上的企业形象招牌，通常尺幅较大，远观方便。

标识牌种类有：区域指示类标识、门牌类标识、指路类标识、公共设施标识牌、警示牌等形式。

(1) 区域指示类标识。

1) 应用场所：商店、酒店、医院、机场、候车室等对外服务和公共场所。

2) 作用：用于标识工厂分区或写字楼楼层分开，可以有效地疏导人流，提高办事效率。

3) 设计要素和方法：分布内容、企业色、企业标志及名称。以前两种为主，后两种为辅，处理得当、主次分明。

案例： 区域指示类标识（见图4-17）。

图4-17　区域指示类标识

(2) 门牌类标识。

1) 分类：部门门牌：有关人员门牌，主要指管理层领导的门牌；公共设施门牌：如卫生间、健身房、餐厅等；普通门牌：如编号牌102号房间。

2) 设计要素和方法：以门牌所示内容和企业色为主。公共设施门牌可以设计成图形符号和装饰纹样帮助人们确认设施功能。

案例： 门牌类标识（见图4-18）。

图 4-18 门牌类标识

3）指路类标识。

①种类：有企业方位指路牌，企业名称、标志、色彩、指路语言或方向标；部门方位指示牌，可不出现企业名称、标志、但企业色或辅助色要使用。

②作用：指示车辆行驶、停放。

案例：指路类标识（见图 4-19）。

图 4-19 指路类标识

2. 公共标识

公共标识是用于公共场所的标识符号，是无声的向导，有指引方向、引导消费者、服务消费者的作用。包括一些常用标识符号，如：休息、请勿打扰、禁止吸烟、楼梯间、吸烟区、电话亭、停车场、商店等公共标识符号也需要经过特别的设计，体现 VI 设计的贯彻始终与统一性。

案例：公共标识（见图 4-20）。

3. 企业形象墙

企业形象墙指企业所有或者租用的工厂和写字楼里绘制有关信息的形象墙体，具体包括围墙、主要建筑物的外立面、主要办公室接待区的前台三种类别。形象墙的设计

图 4-20 公共标识

内容相对单一，一般有标志、标准字、辅助图形和吉祥物等基本识别要素的一项或几项，该项设计多使用专用色彩组成色带造成强烈的视觉冲击力，提高环境的可识别性和感染力，如图4-21所示。

4．企业形象塔

企业形象塔又叫广告塔，指树立在企业所有或者租用的主要建筑物上的大型塔式标识物，既可以塑造企业品牌形象，也可以传递产品品牌信息。形象塔的设计与形象墙相似，但更注意夜景设计。由于形象塔多设于建筑物顶部，制作材料要求有很高的防雨、抗风、防晒功能，并需要强力支撑架固定，如图4-22所示。

图4-21　企业形象墙　　　　　　　　　图4-22　企业形象塔

5．标识雕塑

在企业的入口处设计标志性雕塑，增加艺术化气氛和效果，如图4-23所示。

图4-23　标识雕塑

6. 建筑外观

企业建筑外观造型及装饰应与企业的整体形象相符。是企业位置的重要标志。其中应包括企业标志、中英文名称、色彩等核心要素。设计时要根据具体的环境确立几个要素的组合关系以及材料和加工工艺，如图 4-24 所示。

图 4-24 建筑外观

第六节 交通运输系统

如果说企业的环境系统是对企业形象的固定展示，那么企业的交通运输系统则是对企业形象的流动展示。小汽车、中巴、大客车、卡车，乃至轮船、飞机等交通工具穿梭于街巷之间，疾驰于碧海蓝天之中，都是对企业形象的动态展示和宣传。其活动范围之广，使用频率之高，是静态媒体所不及的。相对于其他应用设计系统交通运输系统的设计有以下几大特点：首先，由于交通运输工具具有快速、高效的性质，对公众来说，这种媒体的展示宣传往往是转瞬即逝的，所以设计时应注意简洁鲜明、主题突出；其次，交通工具的形象展示是立体的、全方位的，在设计开发时应尽量考虑到不同角度的观感；最后，交通工具有各种造型和尺寸，变化较大，在开发时要符合其结构形态，注意整体形象的延续性。另外需要指出的是，交通工具的设计还要注意相关的法律规范，例如，在国内经过注册登记的车辆不能随意更改其车体颜色和外观等，这些在规划设计时必须考虑在内。

交通工具的设计，利用了交通工具提供的有效空间，不同的交通工具提供给设计的空间也不尽相同，设计的方式和风格既要保持同整体 VI 设计的统一，同时也要体现自身车体的用途和身份特征。

1. 小轿车的设计

设计区域：一般为车身两边空白区域，车顶。

设计元素：企业标志、标准字体、辅助图形、标准色、辅助色等。

设计重点：司机所在第一个车门部分，主要用于放置企业的标志及联系方式。

设计风格：庄重，体现公司办公车辆的身份特征。

2. 大巴车设计

使用的元素与小轿车的相同。大部分用于公司员工上下班使用的车辆和用于商业宣传的车辆。设计风格是：用于公司员工使用的车辆趋于简洁、庄重的设计风格。用于商业宣传的特别是在公交大巴上使用的设计风格趋于活泼，体现出企业的特色或商品特色。

3. 货车的设计

使用的元素和小轿车的相同。货车由于拥有面积比较大的车身，在设计时可以充分利用车身提供的空间，有的企业在车身上做了本公司的广告，有的企业保持车身上的整洁干净的空间，这些要根据企业的整体广告规划。不过，用于高速公路行驶的车辆，在车身的设计上还是尽量简洁为好，否则容易引起交通事故。这需要设计者在商业宣传与交通安全间找到平衡点。

案例： 交通工具的设计（见图4-25）。

图4-25 交通工具的设计

第七节 服装服饰系统

服装的设计在VI设计中有重要的作用，统一的员工服装可以使企业形象具有强烈的整体感，能够让员工体验到强大的凝聚力和归属感，有益于培养团队精神与奉献精神，同时也有利于企业的管理，对员工在行为和礼仪上也有一种无形约束。一些企业员工由于所在企业在社会中有良好的正面形象，会以穿着其统一服装为荣。

企业员工服装的整体风格应与企业行业特征及企业形象概念相呼应，能够表现出企业形象的个性。不同的工作性质与工作岗位制定不同的样式、选用不同的面料，进行适合的色彩搭配。所以服装造型一要符合员工身份；二要满足人体工程学；三要参考流行趋势；四要注意色彩协调搭配。

1. 办公服装

办公服装属于企业行政办公人员的统一服装。大多采用流行的西服的样式，显得端庄、沉稳、成熟，适合于办公的环境气氛，同时对外宣传的形象也显得比较正式。面料以毛涤为主，色彩以黑灰、蓝灰等灰色系为主。办公服装外形设计看似大同小异，在领带、扣子、领带夹细节的地方可以多花些心思，显得庄重的同时，也体现穿戴者对细节的注重。女士的领结、领花可以根据不同的季节有不同的处理，有的企业通过领花的不同打法，给了企业员工个人发挥创意的空间，员工显得更漂亮得体，工作起来更带劲，如图4-26所示。

图4-26 办公服装

2. 工作服装

工作服装的设计相对比较复杂。根据工种类别，工装的材料和设计会有所不同。车间里的工人、商店里的售货员、酒楼里的侍应生、建筑工地的施工者、医院的护士、公交车上的售票员等，他们所处的环境和工作内容大不相同，工装的设计也应根据工作性质需要，选取合适的面料和款式，主要顾及穿着者是否便于操作、耐脏、耐磨，除此之外，为了强化企业形象，工装的设计还要突出企业个性。工装既要求耐磨、易洗又经济，所以材料的选择大多为化纤、卡基布、牛仔布等。工作服装的颜色也是根据工作场合选取适当的颜色，在一些需要注意的场合，比如交通警察及协助管理交通的人员穿戴的荧光色的马甲就是为了安全需要，在马路上往来的车辆可以看得到，避免出现交通事故。餐饮服务人员的服装相对来说适合活泼、颜色鲜艳些的，这里应考虑到在餐厅吃饭的顾客，灰色会影响顾客的心情和食欲。工厂里面工作人员宜使用含灰色系的或淡色系的服装，除了避免工作时心情急躁之外，也可给工作者带来安静舒缓的心理状态。服装设计虽然是一门单独的设计学问，为企业进行工作人员的服装设计又不同于设计普通大众服装，在设计时除了考虑美观、保暖、流行之外，对工作性质的考虑也非常重要。工厂维修工人的工作服装可以设计得尽量宽松些，并且有很多用于装临时工具的口袋，这样利于工作，比如当到高处不便于取工具时，从口袋里取出极为方便。这些都需要设计师对其设计尽量考虑周到，可以对工作人员的工作有事半功倍的效果，如图4-27所示。

3. 礼服

当企业开展周年庆典、公益集会等重要活动时，员工的服装就显得更为重要了。平时穿着朴实、素气的服装与活动的气氛会不协调，需要有一套适合的节庆礼服配合相应的环境气氛，如图4-28所示。

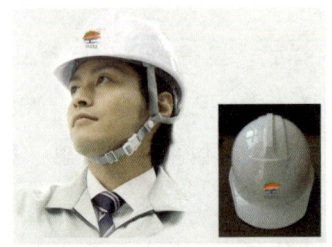

图 4-27 工作服装

图 4-28 礼服

4. 饰物

饰物包括帽子、领带、领结、丝巾、别针、领带夹、扣子等。饰物既可以用来提升穿戴者的形象。同时又能够体现一个企业的规范化和凝聚力。饰物大小不一，材料各异，设计时要根据实际情况选用不同的视觉要素。如领带、领结、丝巾等多以企业的象征纹样为主要表现对象。而扣子、领带夹、别针等由于面积小，则以单独的企业标志、吉祥物放置为主，如图 4-29 所示。

5. 雨具

雨具虽然不是服装设计的重点，但通过对雨具的设计能体现企业对员工的关心，同时对企业走访的客户提供自己的雨具是企业形象最无声的宣传。雨具主要包括雨披、雨伞。雨披的前后两面作为设计位置，设计要素应集中于前、后中心偏上的位置，这样，在穿着后，容易将形象要素显露出来。雨伞的设计可以相对大胆、自由，富有创意，既可以成为方便实用的消费品，同时也可以成为时尚、有品位的装饰品，如图 4-30 所示。

6. T恤

在夏季，许多企业都喜爱以文化衫作为统一着装，价廉物美又舒适。T恤多以针织面料为主，设计形式可以较为活泼。通常的做法是以企业的标志或者辅助图形放置在文化衫上。图案加工方式以丝网印刷、热转移、绣制为主，如图 4-31 所示。

图 4-29 饰物

图 4-30 雨具

图 4-31 T恤

第八节　销售空间与展示系统

随着当代商业的发展，企业形象的塑造呈现出多元融合的趋势，销售空间与展示系统设计是二维、三维及多维设计的综合运用。设计师通过对空间布局的把握，将造型、色彩、灯光、音响等元素与形象的基本元素结合，营造出协调的购物环境；同时，设计师结合商品的特点统筹规划陈列方式与展示道具等，形成整体的风格。专卖连锁性质的销售空间设计尤为重要，如图 4-32 所示。

图 4-32　销售空间与展示设计

第九节　广　告　媒　体　系　统

广告媒体系统是以其传播媒介多样、范围广、频率高等为优势，成为企业对外宣传企业理念和树立企业形象的重要渠道。企业可通过报纸、杂志、电视、广播、路牌、招贴、灯箱、网络媒体等广告媒介，向消费者传达信息。这一系统不受距离的限制，可以反复传播，既可以使企业建立良好的声誉，也可以激励企业或团体改进自身的品质。在广告媒体系统的构成上，既有平面媒介，也有立体媒介和动态媒介，他们都要求能够在很短的时间内抓住公众的视觉注意力并清晰地传达信息。

1. 印刷类广告

报纸、杂志、招贴广告及宣传手册都属于印刷类广告。

（1）报纸广告。

报纸广告受众面广泛，几乎是所有的年龄段、阶层、职业、地域的人都可以接触到的媒体形式，它可以深入到每一个人的身边，每天、每时、每刻都有新的内容出现，它和人们的生活最贴近，读报成为人们的生活习惯。报纸相对于电视、广播媒体来说更容易保存，在需要的时候可以重读并将重要的资料剪贴保存。报纸受众面广、发行量大，广告花销也相对比较低廉。所以纸张的选择也比较廉价，在印刷制作上精度也比较低，所以企业可以根据自己的产品性质选择适合的媒介。报纸广告的构图有矩形构图和方形构图两类。其矩形的比例将出现类似34.5∶12或34.5∶10、34.5∶8的长条形状。有时会提供通栏的位置，如图4-33所示。

图4-33 报纸广告

（2）杂志、招贴广告。

杂志、招贴广告虽然不能像报纸广告那样拥有众多的受众群，却也有它独到的优势，报纸通常根据时间分类为日报、晨报、晚报等，杂志却大多数根据杂志的不同领域而分类，因而读者群相对集中且固定。例如服装、首饰的企业可以针对性地选择适合自己企业特色的杂志。招贴广告的造价相对比较低，张贴的范围很广，大街小巷都可以，可以携带，自由度也比较大。企业可以把招贴作为进行广告宣传的手段，在超市等场合的张贴可以引导消费者的购买行为。杂志、招贴选用的纸张质量比较好，可以印制较为精美的广告画面，有更好的效果，可以提升企业的档次。杂志和招贴广告的构图有矩形构图和方形构图两类。其中矩形构图又分为横构图和竖构图两种情况，比例参照黄金矩形，如图4-34和图4-35所示。

图4-34 杂志广告

图4-35 招贴广告

(3) 宣传手册。

宣传手册是必要的印刷品,设计样式较为灵活,是企业形象宣传中较为活跃的一部分。把握好设计的尺度和样式,将有助于提升企业形象,如图4-36所示。

2. 户外广告

(1) 路牌广告。

路牌广告以它的大尺寸存在于公共空间为特色。路牌广告的材料和制作与广告塔较接近,但设计要求却与招贴类似。由于为路牌广告提供的发布媒体繁多,因而路牌广告的构图比例变化相当多,没有具体的规格限制。它往往不能在设计之初为其设定比例准确的基本要素构成,需要根据实际情况来确定,如图4-37所示。

(2) 单立柱广告塔。

单立柱广告塔是表明企业存在的大型标志,一般矗立在高速路或较高的建筑物、高地上。单立柱发布企业品牌信息的设计要素包括企业标志、名称、色彩、装饰造型等。单立柱广告塔的设计要求、材料和制作与广告塔的要求完全一致,如图4-38所示。

图4-36 宣传手册

图4-37 路牌广告

图 4-38 单立柱广告塔

3. 电视、网络广告

（1）电视广告。

电视广告是现代广告中最及时、最有效的媒介之一。电视媒体的最大特点，是声情并茂、声画并茂，从视觉到听觉来让每一个人感知。因而大多数企业和机构都以不同的形式、从不同的角度、不同程度地利用电视媒介做文章。电视广告也同其他广告媒体一样，需要有基本要素的屏幕样式，在广告的最后将发布者的信息告知观众，如图 4-39 所示。

图 4-39 电视广告

（2）网络广告。

网络广告是在网络上做的广告。网络集超大的搜索、工作、娱乐、信息、沟通等功能为一体，利用网站上的广告横幅、文本链接、多媒体的方法，在互联网刊登或发布广告，通过网络传递到互联网用户的一种广告形式，如图 4-40 所示。

4. 灯箱、霓虹灯、液晶广告

灯箱、霓虹灯、液晶广告是在夜间使用的广告媒体，它在对企业、商品进行宣传外，他们还能起到美化城市的作用。这些夜间广告媒体没有固定的规格，它将根据发布广告的具体位置、条件进行设定。这类广告的设计除了要注重在夜间的灯光效果之外，还要考虑到白天没有灯光时的效果。

总之，在为企业进行 VI 设计规划的时候，虽然不能为企业推广的每一个媒体广告都进行整体设计策划，但可以对广告的风格进行统一的把握，包括企业的整体风格、标志与字体的摆放、色调的选取、图形的风格等，特别是企业在所有要发布广告的媒体上投放广告的风格的一致性是在设计之初就要规定出来的。企业在不同的媒体发布广告的时候会遇到各种具体的问题，但他们一定要与企业的整体形象定位相一致。

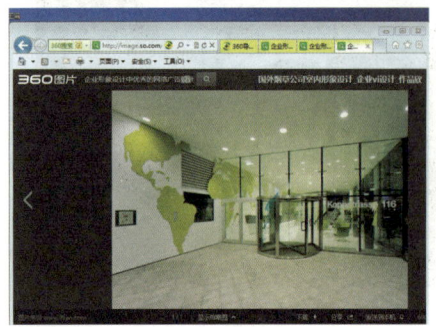

图 4-40 网络广告

第五章 VI 手册的设计、制作与管理

教学目标与要求：

本章详细介绍了手册的内容构建形式、信息表达方法和艺术表现风格等内容。理解 VI 设计手册的作用和目的，准确通过练习掌握设计形式与方法，使学生知道市场上 VI 设计手册都如何去做，并且通过教学，使学生掌握 VI 手册的制作方法。

第一节 设计目的及作用

VI 手册是一本阐述企业 VI 基本观点与具体实施标准的策略性指导书，是 VI 整体内容的导向、参考和确保 VI 运行作业水准的册子，企业可以参照手册中的规则来检查自己的管理体系。在 VI 设计开发工作完成后，经过实践检验，确定标志、标准字、标准色等基本要素，综合全部识别系统开发项目和各种运作规范、方法，据此而编辑成册的就是"VI 手册"。

VI 手册起着一种巩固和管理的作用，而不是 VI 的门面，在这方面应该有一个明确的认识，尤其是那些大公司和跨国公司、集团的 VI 手册，其制作的时间将近半年到一年，并且随着企业的发展，企业生存环境的变化，企业的形象系统还有一个不断地补充和调整的过程，如图 5-1 和 5-2 所示。

图 5-1　SDK 沙迪克企业 VI 手册

图 5-2　日本著名企业的 CI 设计手册

企业在 VI 设计完成以后，编制系统、规范的 VI 手册，对 VI 系统的全面发挥，具有重要意义。第一，VI 手册的编制，使企业的 VI 系统更完整、规范，更符合国际 VI 设计与操作惯例，有利于企业 VI 战略的贯彻与执行。第二，VI 手册的编制，为企业形象的塑造与传播，提供了内在的向心力和凝聚力，为企业未来的形象管理

企业形象设计

与维护，提供了权威性的操作标准与技术标准，并成为企业实施VI战略的衡量标准与应用准则。第三，VI手册是VI设计、开发的最后阶段，即综合全部VI开发项目作业、整理成册，予以视觉化、系统化、结构化和规范化，便于使用和查阅。

第二节 类 型

VI手册的编辑可依据企业的情况有所不同，一般可分为《基本设计手册》、《应用设计手册》两种；通称为《企业识别手册》或《CI设计手册》。

视觉识别的信息传递系统包括两大部分和四个阶段。两大部分是指基本设计要素和应用设计要素。四个阶段是指：信息源（视觉识别系统）—设计符号（基本要素）—传播媒体（应用要素）—接受者（消费大众或社会大众的认同）VI设计手册编辑形式主要有三种类型：

(1) 基本设计/应用设计合订方式。合订方式涵盖多种设计要素与应用项目，制定各种规范，编辑成一册，多以活页式装订，较易保存。

(2) "基本手册"独立方式。独立方式依照基本要素与应用项目的不同，分成两册。使用方便，可随时随地参阅小手册中最常使用到的基本规定。在设计的开发方面，尽早归纳基本规定而加以活用，更有助于应用设计的展开。

(3) "应用手册"分册方式。分册方式根据各个设计要素与应用项目的标准及规范分成数册，详细记载制作的程序与使用方法。查分列管理种类、内容不同的应用项目，适合大公司采用。

此外，亦可将基本规定分编成数册，或以小册子形式摘录基本规定和应用规定的主要部分。为了达成整体设计统一化、标准化的目标，VI设计手册不宜过于简略，以免失去它的应用价值。

设计手册的发行，原则上由公司的经理负责。手册中所规定的事项等于公司的指示、命令，违反设计手册的规定，也就是违反了公司业务上的命令。应用VI设计手册者，依各公司组织的不同而有区别，主要是处理对外企业情报的部门和执行人。例如，宣传广告、促销、总务、材料预约和营业部的负责人和执行者，利用到设计手册的机会较多，他们常委托那些专门处理企业对外情报的广告代理商、印刷公司、设计公司等，办理相关事宜。

公司发送设计手册的对象，主要以上述应用部门为中心，此外事业部门的员工和各部门负责人，也是手册的发送对象。设计手册散发的目的，往往是因体裁来决定。其发行册数则由上述种种因素决定，手册中所规定的内容原则上是公司内部的秘密，而不是毫无根据的。此外，设计手册通常都会加上各种编号，以便统一管理。

第三节 内 容

手册的内容要视不同企业的VI设计内容而定，没有绝对的标准和统一的规定，但还是有共同之处。VI手册的结构应突出企业自身特色。关于VI手册的内容、形式的研讨，需要根据企业经营内容与服务的性质来决定。VI手册制定原则是：传达理念，具有可实施性，设计风格统一，VI手册结构化与标准化统一，具有可变性。

企业在VI设计完成后，应随时与设计公司保持联系，以对VI实施必要的监督和指导。企业的VI系统，将随着企业的不断发展演变、企业所生存的环境的变化、时代的变迁,尤其是企业自身所特定的载体的增多而存在着增补或变更的机会。但这种增补或变更,应严格按 VI 工作的程序,由设计公司和企业双方共同来完成,任何制作个人或单位,不得在新项目开发设计出来之前,擅自根据自己的意图进行增补或变更,以维护 VI 的完整性、规范性,如图 5-3 所示。

分类		基本内容	说明
编制内容		封面、总经理致辞、前言、手册使用指南、目录	意义、目的、指导思想、宗旨、应用管理等
基本要素	品牌标志	标志标准制作规范,标志最小使用规范,标志不可侵犯范围规范,标志反白、黑白、网格使用规范等	基本要素的种类 基本要素的定位 使用方法说明 再生方法范例
	标准字	企业全称中文字体,企业简称中文字体,企业全称英文字体,企业简称英文字体,中文、英文最小使用规范,中文、英文标准字黑白使用规范等	
	标准色	企业标准色,企业辅助色,背景色使用规定,色彩搭配组合专用表,背景色色度,背景色色相	
	辅助图形	辅助图形,辅助线饰,辅助底纹,最小使用规范,反白使用规范,黑白使用规范	
	专用印刷字体	企业中文专用印刷字体,企业英文专用印刷字体等	
	吉祥物	吉祥物与标志、标准字的组合等	
	组合规范	标志与中文、英文全称(简称),标准字各种组合规范	
	禁用组合	标志禁用组合规范,标志与中文、英文禁止组合规范,色彩禁止组合规范等	
应用要素	办公用品	信纸,便笺,传真纸,名片,办公桌标识牌,及时贴标签,企业徽章,纸杯,茶杯,杯垫,办公用笔,记事本,国旗,企业旗等	应用项目的种类 应用项目的定位 设计展开的范例
	公共关系	贺卡,专用请柬,邀请函及信封,手提袋,包装纸,钥匙牌,鼠标垫,挂历,台历,日历卡,明信片,小型礼品盒,礼赠用品,标识伞等	
	环境系统	企业大门外观,企业厂房外观,办公大楼体示意效果图,大楼户外招牌,公司名称标识牌等	
	展示系统	标准展台、展板形式,特装展位示意规范、标准展位规范,样品展台,样品展板,会议事务用品等	
	车体外观	公务车,面包车,班车,大型运输货车,小型运输货车,集装箱运输车,特殊车型等	
	服装系统	男装,女装,T恤(文化衫),工作帽等	
	销售店面	店面,横、竖、方招牌,背景板(形象墙),店内展台,灯箱,资料架,垃圾桶,室内环境等	
	包装系统	商品运输包装,外包装箱(木质、纸质),商品系列包装,礼品盒包装,包装纸,封箱胶,会议事务用品等	
	宣传系统	电视,报纸,杂志,海报,大型路牌,灯箱,车体,T恤衫,霓红灯,直邮 DM,纸杯,三折页,宣传册,网络,光盘,灯箱,户外,POP 等	

图 5-3 VI 手册的基本构成

（1）手册的编制内容。封面、前言、目录、企业领导的致词、导入CI系统的动机和目的、企业理念、企业行为规范以及企业文化的概述、CI手册的使用说明等。

（2）VI手册基础部分的构成。基本要素主要包括：企业名称、企业品牌标志、企业品牌标准字、企业专用印刷字体、企业标准色、企业象征造型与图案、基本要素组合规范、禁用组合规范、企业吉祥物、企业宣传标语和口号等。

（3）VI手册应用部分的构成。应用要素系统设计即是对基本要素系统在各种媒体上的应用所做出具体而明确的规定。企业礼品同时也是一种行之有效的广告形式，当企业视觉识别最基本要素标志、标准字、标准色等被确定后，就要从事这些要素的精细化作业，开发各应用项目。VI各视觉设计要素的组合系统因企业规模、产品内容而有不同的组合形式。最基本的是将企业名称的标准字与标志等组成不同的单元，以配合各种不同的应用项目。当各种视觉设计要素在各应用项目上的组合关系确定后，就应严格地固定下来，以期达到通过同一性、系统化来加强视觉述求力的作用。应用要素系统大致有以下内容，包括：办公事务系统、产品包装系统、旗帜设计系统、环境识别系统、交通运输系统、服装服饰系统、销售空间与展示系统、广告媒体系统等。

第四节　目录及分级管理

手册的内容应当以项目类别进行分类与管理。根据各企业的类别、形态、VI内容、管理体制来决定项目类别的多少。为解决VI设计手册在使用与管理中的便捷性，可将手册中涉及的各项内容采取分级管理的方式进行编排。

一、目录

这种方式不但可将各项项目予以分类，而且能够起到页码的作用，与手册目录配合使用不但可以清晰展示CI的设计项目，同时也便于查找与管理，如图5-4所示。

图5-4　VI手册的目录示范

二、分级管理

较为科学、简洁的分级编排方式可采用数字或字母与间隔符号组合，从左向右表示分类的层级与位置。在手册内容有所变动时，对分级的数字或字母进行相应的加减，做出弹性而机动的调整。（见图5-5）假设手册分为基础项目与应用项目两大类，即一级分类分别表示为0和1，对应到"识别卡"设计项目则表示为"A·1"。

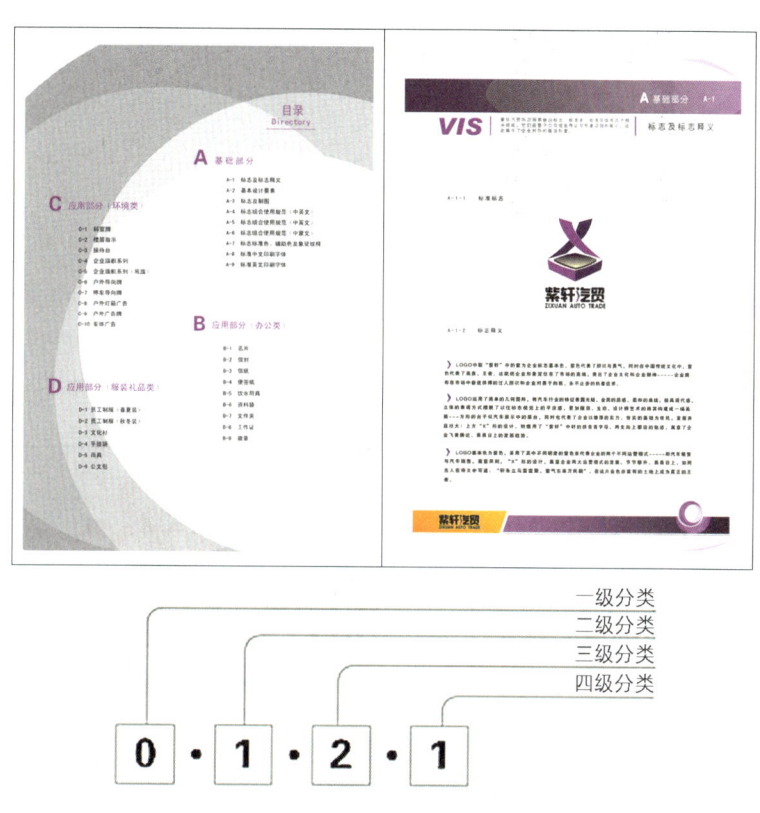

图5-5　VI手册分级管理示范

第五节　图示规范与说明

从 CI 设计手册的实际指导作用出发，考虑到具体设计在今后不同的应用目的、制作与复制时，应当规定相应的制图程序与规格，来保证设计的统一和准确。如标准制图的形式有：

一、网格坐标图示

确保标志在不同应用范围中的准确性和一贯性。有了标准制图，在制作和施工时，尽管对象、材料、时间、空间、人手不一，也能准确无误地制作出标准字来，达到统一性、标准化的识别目的。

基本要求：必须按照规范化的制图法正确标示该标志的作图方法和详细尺寸，并制作出大小规格不同的样本将标志图形、线条，规定成标准的尺度，便于正确复制和再现（见图5-6）。

设计思路：使用图纸工具画出方形格子，再将标准字配置其中，注明宽度、高度、角、圆心等关系与位置。

绘制过程：绘制图纸网格→对齐图纸网格→标出单元格→标出数值→标出弧度值。

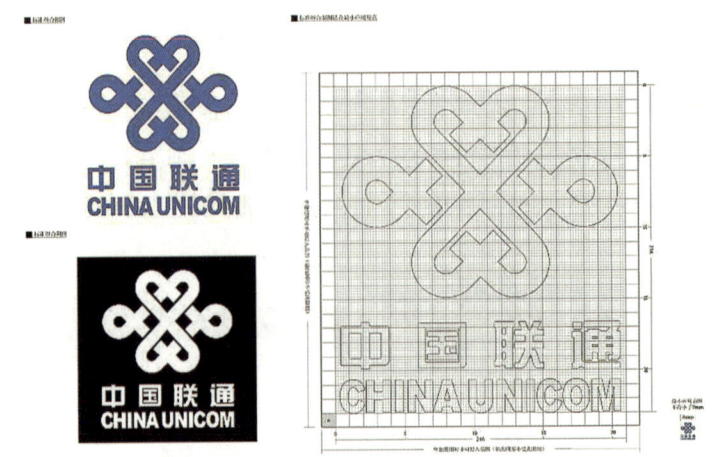

图 5-6 网格坐标标准制图

"A"代表一个单元格比例尺寸的数值单位，能使标志在实际运用中在数值范围内按比例缩放，比例尺寸也并不是固定数值，实际运用中，是按照实际尺寸变化而变化的，如"1∶10"或者"1∶100"，如图 5-7 所示。

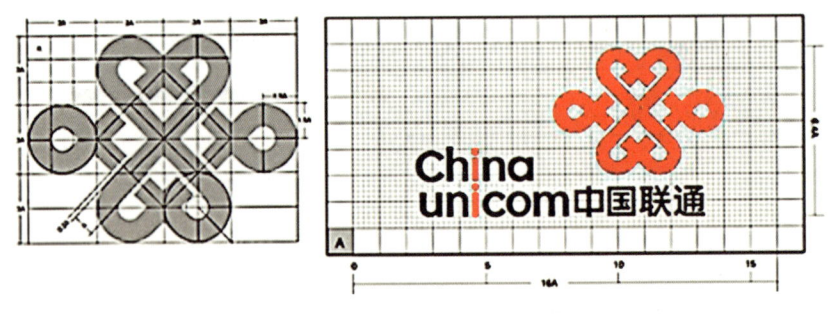

图 5-7 比例规范制图

二、比例规范图示

网格坐标图示是以正方格坐标图为参考，以说明整体造型比例、线条宽度、空间结构等关系，如图 5-8 所示。

三、标准尺寸图示

针对多项基础元素的组合关系及其在具体应用项目中实施的准确与统一，可以通过尺度比例规范各种元素的特定组合关系，保证其在空间中位置关系的准确性，如图 5-9 所示。

在众多的应用项目中，对尺度固定的项目应通过具体尺寸的标注，指明相应要素的大小及其位置关系，为项目实施形成参考标准。VI 手册不仅决定了企业对外的识别形象，也是实际作业时设计表现水准的

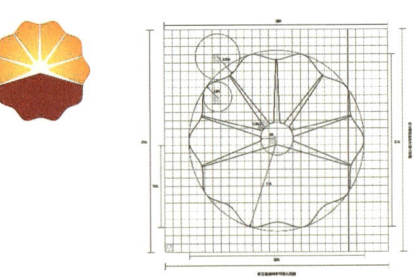

图 5-8 网格坐标图与比例制图相结合的标准制图

关键，所以 VI 手册的版面编排要考虑到今后的具体指导作用和传达效果。手册的版面形式尽量统一，突出图示与说明文字，页面中图文大小得当、组合关系清晰有序不失美感。手册的整体设计形式应与企业形象风格形成呼应，体现出形象的一致性。

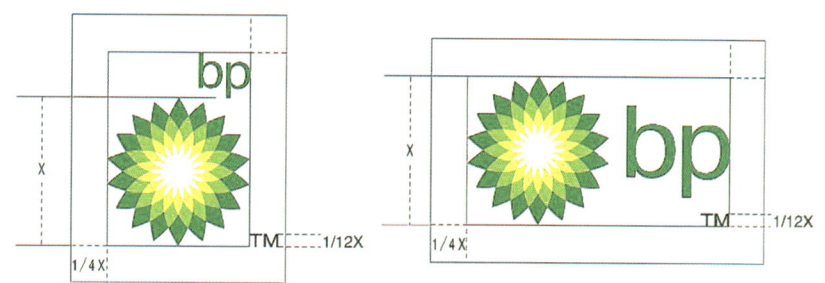

图 5-9　标准尺寸规范制图

第六节　管理与维护

在进行形象手册的规范时，不可避免的会出现手册中的规定产生不符合实际需要，应用项目的规定不合理的情况，尤其是对那些时间性、灵活性较强的项目。未来的消费环境和市场的情况，我们无法完全预见，新技术、新媒体的不断涌现，也使传统和现在正在受到挑战，因而对有些项目来说，设计和规范的合理性需要进一步探讨和及时修正。

VI手册的使用和管理甚为重要。VI手册的使用，原则上由公司的决策层负责。VI手册中所规定的事项等于公司指示、命令，应无条件地执行，违反设计手册也就是违反公司行政上的命令。VI手册中规定的内容原则上是公司内部机密，也是公司的无形资产，任何人不得外传。

第七节　教学与设计实例

一、教学实例

（1）尚榜理发厅VI手册部分设计，如图5-10所示。

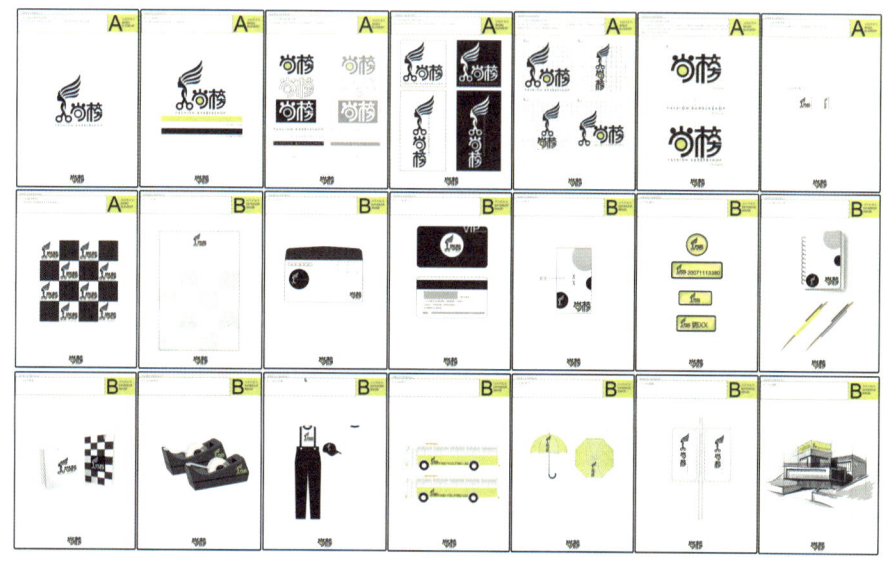

图 5-10　尚榜理发厅VI手册部分设计（设计者：娜敏）

(2) 天骄领域 VI 手册部分设计应用，如图 5-11 所示。

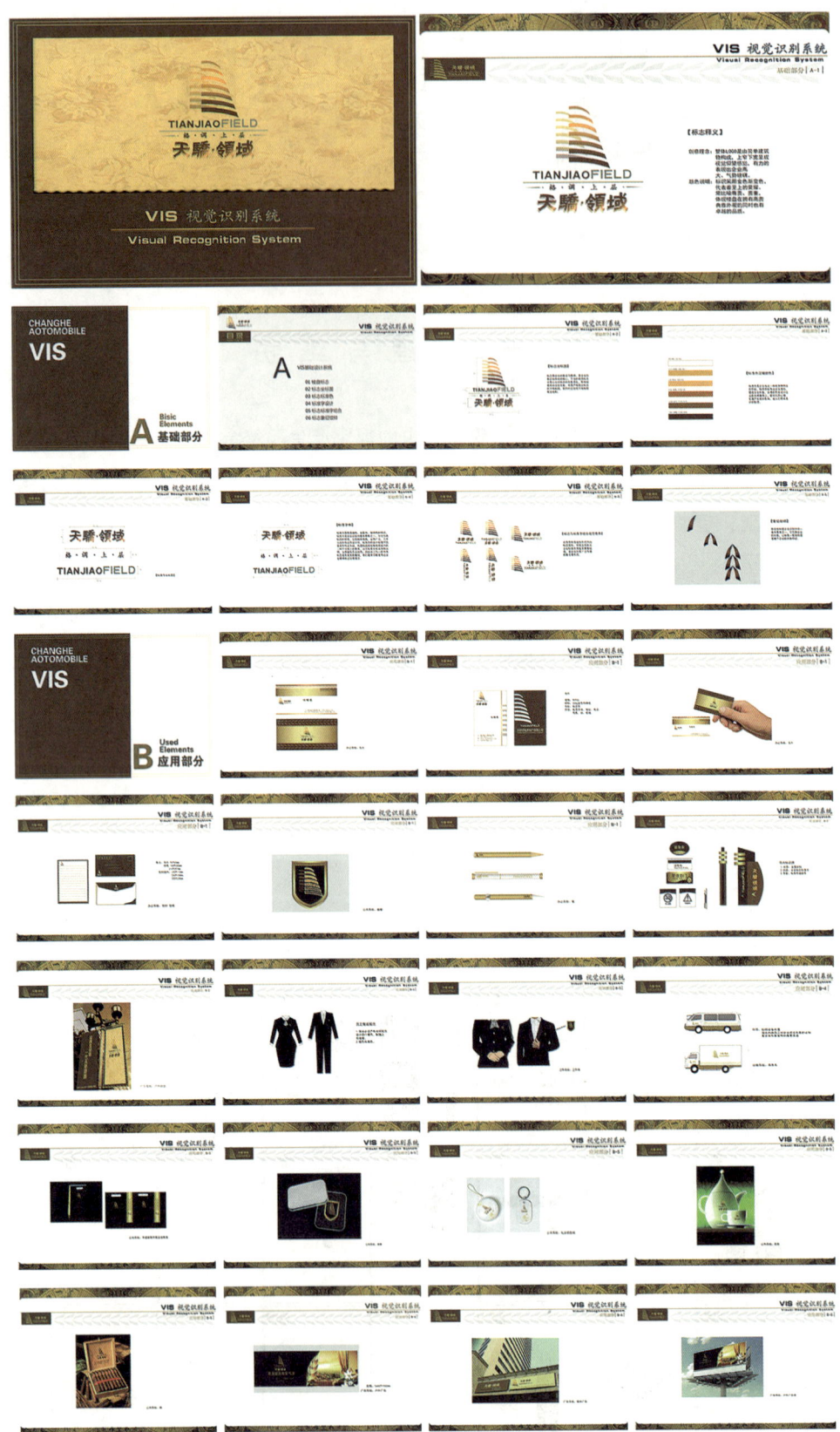

图 5-11　天骄领域 VI 手册部分设计应用（设计者：任丽琴）

二、设计实例

1. 荷兰海牙全新的城市形象标志

海牙（Den Haag）在阿姆斯特丹和鹿特丹之后，是荷兰第三大城市。海牙位在西荷兰的南荷兰省，同时也是该省省会。鹳鸟徽是海牙的市徽。海牙被誉为"和平与正义之城"，因此海牙市政府决定重新设计自己的市徽（标志）。全新的标志由戴有桂冠的盾牌、象征权威、力量和勇气的狮子、海牙荷兰语名称和海牙市徽——鹳鸟组成，如图5-12所示。

图5-12 荷兰海牙新旧标志对比和全新的城市形象标志部分应用

2. 中国台湾馆威尼斯建筑双年展

原名称：The 14th Taiwan pavilion at the Venice architecture biennale

设计师：赖彦吉

位置：意大利威尼斯

分类：其他公共空间

内容：实景照片

图片来源：Iwan Baan（艺术中国）

赖彦吉设计的"家中的小城市：台湾制造"主题的中国台湾馆以家居的角度出发，呼应本届策展人库哈斯所提出的主题"本源"（Fundamental），致力于探索台湾家庭生活的日常组成部分以及如何通过家居图案以及活动形成这些部分。他研究台湾人吃、睡、玩的模式及背后的心理行为、心灵信仰等，经过多次设计调整后，赖彦吉将家的机能分别设计为 9 个代表家中不同功能的微型建筑单元，如"睡眠之屋"、"应酬之屋"等，并安置在普里尼奇欧宫不同区块。中心的结构式住宅结构，并且包围一张餐桌。而且一个黄色结构的木屋里面有一个卫生间，这叫做"粪便之屋"。关于起居室，有些人只是为了自己放松看电视，而有的起居室就专门为客人而设计，还配有最好的按摩椅，如图 5-13 所示。

图 5-13　中国台湾馆威尼斯建筑双年展部分 VI 设计应用

3. 柏林 Cookie 旅馆品牌形象

德国设计师 Deria Ormantzi 和 Sebastian Berbig 为柏林 Cookie 旅馆设计了一套品牌形象，甜美的配色及图案的运用，让整套宣传品看起来都像是草莓酱夹心饼干一般让人垂涎欲滴，如图 5-14 所示。

图 5-14 柏林 Cookie 旅馆品牌形象部分应用

第六章 CI的导入、实施、管理与扩展

教学目标与要求：

本章通过讲述应用系统中的理论和具体实例，使学生明白CI的导入的基本过程和基本方法。

第一节 CI 的 导 入

CI的导入要面临许多问题，如时间、时机、员工教育、对外宣传、资金、管理和实施等。CI的设计和导入针对企业来说是建立在内外合作基础上进行的。企业领导层要正确认识CI的内容和作用，真正了解企业的决策者在CI战略中所处的位置和作用。正确认识设计师在CI设计中的职能和作用。利用CI导入的时机，只有企业决策者根据企业的实际状况，结合企业现状调查结果，对其经营管理理念和具体行为进行恰当的修正和提高，建立起相应的识别体系，才能真正引导企业形象全方位的提升。

一、导入CI战略的基本态度

有效地实施CI战略，在一定程度上可以提升企业形象，提高企业的竞争力，但这并不意味着导入CI是解决企业一切问题的万能方法。CI作为企业的一种经营战略和管理手段，具有长期性，不能立竿见影，并且CI与其他经营战略和管理手段一样，有着自己的特殊作用和实用范围。

CI的真正精神，是在激励企业全体员工和确立经营理念、方针与策略，透过企业的行为与活动特性，充分展现企业的精神、文化。同时，配合整体的视觉与传达系统，有效地将企业特性与魅力，塑造出企业新形象。为此引起CI要建立共识，考虑适应性。对于导入CI的企业而言，在行动之前，经营者和相关人员及广大员工要建立共识。必须达成三个基本共识。其一，CI应该和企业技术本质产生同一性、统一性的意义，因为它与企业经营理念、企业形象的塑造具有密切的关系；其二，CI是一种塑造良好企业形象的战略，对于企业向外界扩展活动有所收获；其三，CI和产品识别、品牌识别，尤其和视觉设计的标准化、统一系统开发有密切的关系。同时，企业形象并不是一朝一夕就能塑造出来的，它需要长时间的积累与培育。加上每个企业的组织结构、经营观点和方针、竞争策略、行销手法都不尽相同，所引进CI的模式、方法自然会有所差异。因此，我们不能忽视CI的适应性问题。再次，我们必须先深入了解企业最终的目标与需求，再配合企业内外环境，适时导入，如图6-1所示。

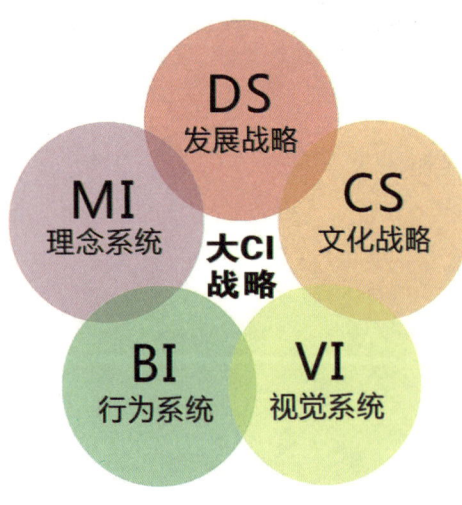

图6-1 CI的企业战略

二、导入 CI 战略的准备条件

企业导入 CI 是企业领导层意识的提高，需要改革旧形象和旧体制，是新设计的延续和升华。导入 CI 创造企业无形资产和品牌附加值，一些企业已经尝试导入 CI，获得市场的优势。CI 是一项复杂的系统工程。CI 的重点是要创造企业个性。如果把 CI 仅仅局限在识别系统，则是一个危险的误区。同时，CI 战略的导入并非每个企业都可行，CI 战略有明确的条件限制和前提。为此，企业导入 CI 战略，必须做好以下工作。

企业要建立自己的企业形象，必须增强企业 CI 意识。当前 CI 导入的步履维艰，其原因：

（1）CI 与现代市场经济发展息息相关。大多数企业体制转型刚刚开始，一段时间内尚难大规模、自由进入市场，还不具备 CI 要求；在市场经济大潮中，应运而生的中小企业尚处于初期积累阶段，多用广告推销产品，以求更多的利润，也不具有 CI 需求。处于起步阶段市场经济，企业导入 CI 尚属少数，仍须大力宣传启动。

（2）束缚于旧体制观念，缺乏创造企业形象差别的 CI 意识。在计划经济体制下，许多企业冠以数字编号，企业形象无从谈起；同时各企业的产品同一，差别不大。很多产品冠以清一色的名称，优秀产品创不出牌子，这种旧习惯意识，有待市场经济竞争冲击。

（3）缺乏国际化经营观念。企业长期处于闭锁状态，难以自由进入国际市场经营。

（4）认为 CI 是解决一切问题的灵丹妙药。有些企业视 CI 为点金之笔，不顾自身经营管理状况，盲目导入 CI，并有意加以拔高，认为只要导入 CI，便可坐享其成。事实上，CI 的导入本身就是一个长期综合积累过程，需要长期投资，不断完善。并且，CI 的目标是帮助企业建立显著的易认的识别性，不能代替产品开发，生产管理，销售服务等。况且 CI 的建立有着自己独特的作用范围，不是所有企业都适用。

（5）CI 专业人员匮乏，形象设计策划公司水准不高。就目前的 CI 策划制作公司而言，成熟的大公司不多。因此，策划出来的方案可操作性不强。CI 战略的实施是一项综合的系统工程，除了主要依靠企业内部的力量外，其策划和实施必须借助于专业的力量来配合。而目前 CI 专业人员远远满足不了需求，即使已经从事 CI 的人员，也都没有经过专业理论的系统教育，大多是从工艺设计、美术设计、广告策划转移过来，需要加强策划公司的综合水平。

三、企业导入 CI 战略

1. 以现代经济观念统一企业整体形象战略

企业观念、目标、管理、战略等企业"灵魂"，要立足于"现代市场经济与国际经贸一体化"的新观念，重新塑造企业形象，唯有"灵魂"与外在形象统一化 CI 才能成功。这里的关键在于研究与掌握现代世界经济观念，渗透于企业整体形象。从而使企业组织的各方面，从深层的企业理念到显层的企业标识都发生积极性的改变。在市场竞争中树立崭新的企业形象。例如，上海微笑咖啡餐饮品牌视觉形象，如图 6-2 所示。

2. 企业 CI 以获得社会心理的认同支持、顺应时代潮流为立足点

随着消费者生活水平和审美能力的提高，人们对商品的品牌、美观更加注重。特别是世界正在走向信息社会时代，人们在享受着现代文明的同时消费观念也由原来的"理性消费"，转为"感性消费"，即消费者购物时注重的不仅在商品质量上，而是以自己的感觉作选择判断。企业市场营销 CI 设计，应根据社会成熟的心理需求和价值导向作新的调整，以迎合消费者的这种变化；否则，必将被市场所淘汰。

3. 企业 CI 以民族为导向，创造世界名牌

企业 CI 设计的民族导向，是取之不尽的源泉。对于企业在经营中树立民族特色，创造世界名牌具有重大

图 6-2　上海微笑咖啡餐饮品牌视觉形象（作者：涂闵翔）

意义。因为企业形象民族化和国际化潮流是统一的。我国在世界市场上树立企业形象，创世界名牌，最有效的长期战略就是汲取民族文化精神与时代的先进经营管理相结合。

第二节　CI 导入的基本程序

一、导入机构

各企业的 CI 导入计划，应当根据企业特性和问题有所不同，但其原则性的程序大致相同。为配合 CI 的实施，大多数企业建立 CI 委员会这一专门机构，设计 CI 委员会，选定委员会负责人。

CI 委员会是负责 CI 战略的核心机构，具有权威性和协调性，主要负责确定和协调企业推进 CI 战略过程中的各项具体问题，包括 CI 基础知识的普及和培训，实施对企业外部的调研，落实 CI 推进过程中的运行程序，协调 CI 各系统的设计开发，预算 CI 计划的费用投入和落实，以及负责对 CI 推进过程中各阶段工作的核对等。此外，在 CI 推导过程中，负责企业内外部的协调沟通，以促进相互间的通力合作。

由于 CI 委员会对 CI 战略的推导的特殊地位，决定了 CI 委员会要由特定的个人或单位来担任，最好由以下三种人组成。

1. 企业高层主管与部门负责人

企业高层主管与部门负责人的加盟能在行政上给予支持。CI 工程是一项自上而下发动，自下而上响应，全体员工参与的运动，它不仅需要理智的安排，更需要热情的推动。

2. 企业外的 CI 问题专家

CI 问题专家学识经验丰富，有深厚的理论功底和丰厚的实践经验，他们的加盟不仅可以给导入 CI 的企业提供多方面系统完善的专业指导、咨询监督，同时还可以提高组织效益，因为由专家介入的三方组成的 CI 导入机构，也较为合理，利于互相监督、相互协调。而且他们作为企业的"局外人"见解往往更为客观、中肯。

3. 专业公司人员

尽管进入 CI 是企业自身的事，但大多数情况下多数公司的 CI 推进仍需要专业公司的配合，因为一个企业无法独立完成从调研、企划到实施的全部 CI 工程。CI 作为一项系统工程，其策划与实施必须有一个高水平的专业策划公司来辅助配合。委托专业公司参与企业的 CI 计划，首先面临着一种选择的问题。而且这种选择是一种双向的选择，即一方面企业根据自己导入 CI 的需要，物色合适的专业公司作为自己 CI 推进的协作者，为此，企业在选择专业公司的时候要对其进行考察，考察的主要项目有该公司的实力、业绩和资信情况。专业公司应随时准备好自己公司的宣传材料，自身的业务实力、业务范围、信誉情况、以往业绩和外界信誉，应主动、客观、及时地让企业了解，取得企业的信任。另一方面，专业公司也必须谨慎选择有意导入 CI、谋求合作的企业。专业公司也必须对有意导入 CI 的企业进行全面考察，考察的项目包括导入的条件、决策者的热情和经营等情况。如果企业条件不成熟或决策者不热心，重要部门无意配合、CI 专项经费无法保证等阻力存在时，千万不要贪图眼前业务最终合作失败坏了公司的信誉。因为 CI 合作是一项复杂的工程，几乎涉及公司的各个方面、层次，必须取得企业上下全面的赞同配合。

CI 推进是一项复杂的工作，它需要企业高级主管的支持、部门负责人和员工的配合、CI 专家的加盟、专业公司的协作，还需要充足的经费保证调研、企划、实施的顺利进行，CI 工作必须落实到具体负责的机构与人。CI 委员会并非是一个企业的专职部门，而是一个企业内部起协调作用的社团性机构，它往往带有职能部门的性质，但在其实际运作中的力度和授权的范围则远比其他职能部门更大更实。企业可以根据实际情况重新组建一个委员会式的 CI 机构，专门负责 CI 工作。按照国际通行做法，CI 机构设置方式一般有两种：一种是团体联席型。其形式是：由企业各部门派代表和 CI 专家及专业公司人员组成的联席会议，人数不宜太多，一般为 10～15 人，委员会主任最好由董事长、总经理或董事担任，大部分成员为兼任制性质，大型企业有常设机构，且有专职人员负责日常工作。另一种是部门负责型。其形式由企业现有的相关部门等派员组成联合办公室，负责 CI 专案。当然大企业为了有效地推行 CI，也可以设置独立的 CI 推导中心或专门机构。

CI 机构的上述两种形式，无论选择哪种，都应直接归属于企业最高决策层的直接领导。并且 CI 委员会的成员必须是热爱企业，对企业发展尽心尽责，并且对 CI 项目充满信念的人。只有如此，才能在同一目标下为 CI 献计献策，达成共识，一致努力。

4. CI 机构人员应具备的工作素质

(1) 全心全意为企业着想，为企业效力。

(2) 自觉宣传 CI，以身作则实行 CI。

(3) 以 CI 整体为主，具有全局观念。

(4) 积极思考，富于创造，尽心尽责。

(5) 工作热情高，富有公关能力。

5. CI 委员会的职责

(1) 确认 CI 系统，关于 CI 导入的方针和计划等，都应该加以立案。

(2) 根据导入方针和系统内容，策划事前调查，并管理调查作业的进行情况，同时举办公司内部员工教育活动。

(3) 参考调查结果而设定 CI 概念，将立案后的活动计划呈送给公司的最高负责人。

(4) 按照上级主管单位批准的概念和计划，制作配合理念表现和识别系统的具体企划方案。

(5) 按照被批准的识别系统计划，制作新识别的设计开发要领，为开发新识别系统而采取适当行动。有些计划则包给外界，由委员会负责管理设计开发过程。

(6) 审议设计表现的内容，将结果呈示给公司最高负责人，得到批准后，这种新设计才算正式通过。

(7) 对公司内外发表开发 CI 的结果。

(8) 在公司内部彻底贯彻实行新 CI 概念。

(9) 整理结论，确认日后的活动计划和管理结构。

(10) 不断总结在 CI 实施中出现的新问题，并为第二次 CI、第三次 CI 做好准备。

二、导入时机

企业开发并导入 CI，都有一定的动机存在。CI 战略是企业经营战略的一个重要组成部分。作为塑造形象的系统工程，围绕着企业的形象设计，CI 所能解决的问题，可以大致归纳为以下几类。

(1) 企业名称与企业的形象不符。

(2) 企业名称陈旧老化，易被误解、误认。为了改变这种状况，导入 CI 设计，会给企业带来一种新的活力。时代是在不断发展变化着，这个阶段时髦的、流行的东西，到了另一个新阶段，就可能成为落后的、过时的东西。尤其是一些企业的名称和字号，往往带着所处特定环境下的烙印，随着时代的变迁，这些标志已经成了过去的象征，企业的那些老的经营管理方法也已经适用了。例如，耐克品牌为世界杯设计字体和广告招贴，如图 6-3 所示。

图 6-3 耐克品牌为世界杯设计字体和广告招贴

(3) 企业形象不好，没有凝聚力和竞争力。

(4) 旧企业形象成为打入新市场的障碍，新公司成立，合并成企业集团、这是实施 CI 的最佳时机。由于经营者的变更和经营战线的改变，使的企业形象称为进入新市场的一个障碍，为此企业需要重打鼓另开张，这也是从导入 CI 开始的。

(5) 与其他公司合并，必须重新塑造企业形象。

(6) 企业的形象变更，创业周年纪念，是老企业改变旧形象的契机。

（7）新产品的推出，纪念新产品的开发与上市，可收到促销和塑造企业形象的双重作用。

（8）事业的延伸和扩展，企业扩大经营内容，朝向多种化经营。由于事业领域的扩大，过去的企业形象和现有的企业现状之间产生偏差，需要对 CI 认同重新构造。

（9）增强企业自身的竞争能力。

（10）打入国际市场，参与国际化经营，没有 CI 行不通。

企业在国内的成功和开始参加国际市场的竞争，是导入 CI 设计难得的良机。打入国际市场不应看做是仅有几张外商的订单，有几种产品在国外长年畅销，而是一种国际化的意识，有意识的要创造国际名牌，要成为一家跨国公司的时候是最需要统一企业形象的。

三、导入周期

国外企业的一般性周期 10 年。导入部分在 2～3 年左右，最少的也在 1 年至 1 年半之间。因为 CI 在运作中不断地解决问题，也会不断地碰到问题。因此，CI 是一种有起点无终点的运作。应该在第一次 CI 的基础上，不断总结反思，制定出进一步计划、大纲，在导入完成后，开始第二阶段，以求企业形象获得不断提升。

四、投资费用

包括：企业实际状态调查及企划费、设计开发费、导入规划费、每年必需的 CI 维护费。

五、发布

在 CI 的作业项目完成到一定程度，应适时地向相关人士传达企业的形象信息，让各方人士确定无误。快速及时地了解发生了什么改变，以及为什么改变，改变的好处在哪些方面等等。

对内发布：目的是企业内部员工，不仅是传递企业形象的媒体，更是真正塑造企业形象的人。

对外发布：目的向企业相关者明确传达公司的 CI 主旨，使其早日熟悉新的企业精神，尽早建立企业的全新形象。

六、具体项目的导入

导入 CI 具体的过程也许相当长。因为除了新建企业外，都可能有一个老形象的共存期。

第三节　CI 的实施步骤

CI 在设计开发以及导入完成之后，应不分时空向相关者持续不断地传达企业情报，使企业逐渐在相关者心目中树立良好而稳固的形象。CI 委员会不仅从事 CI 设计、执行、管理的运作，还要承担定期对 CI 进度、品质、成本的核对与检查，督促和控制，引导 CI 的正常化运作。

一、设定 CI 理念

企业理念是得到社会普遍认同的、体现企业自身个性特征的、促使并保持企业正常运作以及长足发展而构建的、反映整个企业明确的经营意识的价值体系。对内是企业内在凝聚力，对外则是企业识别的尺度。它是企业战略的核心所在，系统的 CI 工程，从理念识别开始，不管在理论结构还是操作程序上，它都是一个起点。

因而 CI 战略实施中首先是企业理念的设定。

1. 设定的理念应该包括以下三个内容。

（1）企业的存在意义。必须明示企业的事业核心，极其经营性质、经营领域、经营目标和社会文化使命。

（2）企业的经营方针。必须明确企业如何实现其存在意义与价值的方针与方法。

（3）企业的行为基准。必须把明确的经营方针落实到企业员工的实际工作规范标准中。

2. 在进行企业理念定位的时候，必须考虑以下三个因素的影响。

（1）企业领导者的个性特征。

在资讯化的社会中，企业的竞争力将主要来自信息传达量和在企业理念识别中所体现出的统一的人格力量。强化企业理念识别是突出企业个性，迅速提高企业形象的强有力的竞争手段。而在企业中，企业理念很大一部分是企业领导者自身个性的延伸，是对企业主要领导人在管理的理论修养和实务能力两方面的重大考验。所以理念的定位与领导者十分相关。

（2）时代与社会的特征。

企业是一个时代之中的企业，是一个特定的社会环境中的企业，所以理念定位不能不考虑时代与社会的特征。国际企业 CI 的基础 MI 都根据时代的变化而更新发展；整个企业 CI 计划自然也需要不断用时代的潮流刷新。

（3）企业独特个性。

企业理念的语汇要有企业的个性。有个性的企业才能从众多的企业的背景之中脱颖而出。

二、CI 表达

制定出适当的企业理念，并将其形象定位后，接着就要将其表达，而视觉识别系统是企业形象最直接也是最直观的表现。视觉识别将企业的理念和价值观通过静态的、具体化的视觉传播形式，有组织、有计划的传达给社会，树立企业统一性的识别形象。其目的是要通过人们的视觉器官，使人们一看就知道这是哪个公司的标志、哪个公司的产品。视觉识别一般由三个要素组成：图案、颜色、标准字这三者可单独使用，或者综合使用以构成一个能代表企业或代表某种产品的标志。这样，当人们一看到这个标志，就能联想到它所代表的产品或该企业的产品，把传达到意识层中的企业理念化作为形状、色彩、声音，使看过这些形象的人都能过目不忘。如果设定好企业理念，不能找到完善的表达方式，CI 战略仍可能功亏一篑。企业形象的构成：产品形象、媒介形象、组织形象、标识形象、人员形象、文化形象、环境形象、社区形象。（见图 6-4）在企业的 CI 战略中，视觉识别的一项重要任务，就是要使企业在市场竞争中，采用一贯的、统一的视觉形象设计，并通过所有的媒体扩散出去，才能有意识的造成一个个性化的统一视觉形象。这不仅可以便于公众识别、认知，更有利于被公众所信赖。有的企业将代表该企业或其产品的标志搞得很花哨，难读、难懂、难识别，缺乏企业标志自身的特点，其结果是起不到视觉识别的作用。为此，企业在形象的表现上，一定要考虑企业标志自身应具备的特点，具体如下。

（1）识别性。它是企业标志的基本功能。企业标志表现手法繁多，设计的造型符号，应具备独特的风貌和强烈的视觉冲击力。

（2）同一性。企业标志代表着企业的经营理念等精神象征和内在素质，因此，消费者对于企业标志的认同等于对企业的认同，只有企业内部、企业理念和外部特征相一致时，才可能获得广大消费者的认同。

（3）权威性。企业标志是企业视觉传达要素的核心，在视觉识别计划的各个要素的展开设计中，标志所具有的独特风格、内容具有非常重要的地位。因此，标志的权威性地位是企业经营理论和活动的集中表现，并贯穿和

企业形象构成	组 成 要 素
产品形象	质量、款式、包装、商标、服务
媒介形象	电视、广播、报纸、杂志
组织形象	体制、方针、政策、程序、流程、效率、效益、信用、服务、保障、规模
标识形象	名称、品牌、商标或徽标、字体、色彩、包装、宣传品
人员形象	领导层、管理群、员工
文化形象	历史传统、价值观念、企业精神、英雄人物、群体风格、职业道德、言行规范、公司礼仪
环境形象	企业门面、建筑物、标志物、布局装修、展示系统、环保绿化
社区形象	社区关系、公众舆论

图 6-4 企业形象的构成

应用于企业的所有相关的活动中，体现在视觉要素的一体化和多样性上，都以标志的构成要素为中心而展开。

（4）时代性。现代企业面对发展迅速的社会，日新月异的生活和意识形态，不断变化的市场竞争的形式，其标志形态必须具有鲜明的时代特征。各个企业根据行业的不同特点，可作具体对策。一般来说，标志的改变以十年为一期，其代表着企业求新求变，勇于创造，追求卓越的精神，避免企业标志的陈腐过时。

三、确定 CI 的定位

当企业理念设定之后，就要将深层的理念明确化、概念化。企业形象的定位，除了要依据企业的理念之外，还要找出公众心目中某一行业所应具备的理想特性，找出本企业在公众心目中的地位，并与竞争者作全盘比较，从而牢牢地确定企业形象的地位。

形象：指人们对所知道的某一事物，借描述、记忆或其他能与该事物引起关联的方法，而产生特定的看法。换言之，因人们的信念、感觉、想法、印象等，对该事物产生互动的综合结果，就是该事物在人们眼中的形象。企业形象好，一切顺势而为，形象不佳，经营犹如逆水行舟，建立 CI 正是企业塑造其影响具体而有效的方法。

企业形象的定位，离不开形象这一信息的传递，而形象信息的传达，又离不开感性的因素。感性有其直接、敏锐、激动等长处，形象有其个性、可亲、愉悦等优点。企业形象定位的目的，通过企业识别体系三个方面的工作成效，把该企业的形象在社会上突出出来，以期使社会上潜在的消费者们能加深了解该企业，从而产生对该企业的产品具有良好的社会形象，从而起到宣传企业和促销企业商品的作用。而 CI 的三个组成部分则又体现了企业在整个经营管理工作中的内在素质。从 CI 的角度观察企业的内在素质，重点是企业及其主要领导们所信守的经营理念、所持有的价值观、所表现的领导风格、所拟定的经营方针，以及对其员工的培养、教育和人才开发的状况。而所有这些又都集中体现在企业作为一个整体给予外界社会的综合形象。人们对一个企业的认识，首先是对该企业产品的功能、档次、质量、所能提供的服务项目与服务态度等开始的，至于对企业经营理念等更高层次方面的内容，一般的消费者不会潜心研究它，但对企业自身来说，这后者却又决定企业素质高低，从而决定在社会上能否日益争得良好形象和信誉的关键。

四、传播形象与内部整合相结合

企业在外的活动场所主要是指企业举行各种产品发布会、新闻发布会、技贸合作洽谈会的会场布置以及企业参加各种展览会、博览会的展区、展台布置。这是设计系统全面应用的具体化，是促使人们的视觉认知同这些标准化形象，即等同于认识企业本身。久而久之，随着时间的推移，使社会公众对企业产生认同感。实施CI战略，不仅是公司对外拓展的手段，而且是企业战略和企业理念深入到公司内部的利器。

一致性的视觉特征在一定程度上能够成为情感的纽带，而且通过直观的形式把企业的理念和行为规范表达出来，对员工起着一个启示和维系的作用。心理学家认为，视觉是影响人们情感和情绪的重要因素。在企业的所有工作环境中都体现出企业的独特标志，能够不断加深企业员工的归属感，从而提高他们的自信心和自豪感，激发他们的工作热情和活力。

第四节　CI 的 管 理

CI手册建立之后，无论企业经营者与员工都应努力维护一个一致的企业形象，不可以视其可有可无，或任意改变。如需重大变动，应通过CI委员会共同讨论决定，以免误导企业形象。

一、企业外部环境测试

外部环境测试的主要内容有两方面：一方面是视觉项目的传播效果测试。此测试既可以是就一个基本设计项目进行专题测试，也可以对几个设计要素的组合应用效果进行测试。主要针对的内容有三方面：认知度与识别功能、视觉印象和设计品位。测试的问题力求全面、系统、针对性强。另一方面是企业总体形象的评价度、认知度的测试。此测试可以取调研阶段确定的关键语作为问题，根据肯定回答者占接受测试总人数的比例，对比调研阶段的成果，揭示导入CI后企业形象的优化程度和在哪一方面取得明显的或较大的改观。外部环境测试范围相对较广，对于企业而言，应该首先选择与企业有直接关系者来进行。与企业CI信息发布有关的对象主要包括：消费者、社会大众、国际市场、地方公共团体、大众传播媒介、政府、金融机构、同行同业人士、潜在待业人员、原材料供应商、销售代理商和股东。对上述对象的调查测试是有前提的，即在调研阶段，企业CI委员会就有关问题咨询了上述对象。目前的导入效果测试是在前次调研的基础上进行的。

外部环境测试，在对象的选择上尽量选取参加过调研与问卷的人员。因为他们对企业的形象状况有一定的了解，能提供更多的信息，导入CI效果测试、评估的基本程序是：确定调查方式（采访或问卷）、筹备调查（设计问卷）、调查实务（进行采访或派发回收问卷）和整理统计（对比有关资料，揭示企业导入CI后形象力的发展情况）。

二、企业内部环境测试

企业内部测试有助于提高CI推行效率。测试的内容应根据具体的CI实施计划与作业情况来确定。问题的设定应该力求简单、明确、针对性强。一般而言，测试的主要问题有：

(1) 导入CI对企业来说是否真的很重要？投入这么大是否值得？
(2) 导入CI推行依据，企业各方面是否有明显的改观？
(3) 这些改观体现在哪些方面？与CI导入究竟有没有因果联系？
(4) 公司导入CI，是否有雷声大、雨点小的现象？
(5) 企业员工和主管对CI导入热情度如何？
(6) 新设立的企业理念，合乎人心，顺乎民意吗？有无不妥或不足之处？
(7) 新的CI制度是否有形式主义之嫌？

(8) 员工内部的关系有没有新的改善？其原因是什么？

(9) 企业员工会不会比以前更敬业、干劲更足？

(10) 公司的公益活动有没有意义？有没有比其更好的形式？

(11) 你如何评价企业新标识？喜欢吗？愿意时时佩戴吗？

(12) 如何看待企业新包装、新品牌设计？有无改进的意见？

测试的问题还可以有很多，但无外乎两个方面：一是 CI 设计计划总体评价方面的问题；另一方面是关于具体作业方式和步骤的问题。为了使测试结果能真实地反映实际问题，测试对象的选择很重要，测试对象既可以是企业的每个员工，也可以是从各部门选出的员工代表。但测试对象最好选择在公司内调研阶段接受过调查的对象。因为他们的回答往往能够具有一种比较意义：企业导入 CI 前的状况如何？导入 CI 后的成效何在？目前存在什么问题？有何建议与期望？以上都可以在测试中反映出来。

调查测试应该经常进行。其形式有两种：一种是随时随地随意的询问调查，另一种是定期统一测试。前者可以及时发现问题，也容易获得真实的信息。后者诸如座谈会、听取意见会等形式，则有一种仪式性的效果，对 CI 推行发挥声势上与心理上的积极作用，CI 导入效果测试一般都是在推行一段时间以后，以某一个整齐的日期为限开展这项工作。座谈会的安排最好选在企业的某些活动节目之后，节假日前的最后一个工作日等。这样既不会影响正常工作，员工的心态又比较积极，有利于畅所欲言。

第五节　CI 识别形式的扩展

一旦基础要素确立，就为企业形象的展开建立了视觉要素规范。但要注意它不但不能成为拓展的束缚，反而应在具体实施设计中，充分发挥基础要素的视觉形式，根据不同的项目特点，灵活的运用和发展，最大限度地在统一中求变化，在变化中求统一。同一化的企业的视觉形象标准，应具强烈的个性，以求得在市场中的显著特征。这也是企业建立具有鲜明个性的视觉识别系统的目的。

视觉识别系统设计的内容，不同性质的企业，有其各自的项目内容。需要哪些项目，要结合实际需要认真选择，避免盲目性。随着科技与信息传播媒介的发展，企业与消费者、社会公众之间沟通交流的手段、途径越来越多，一些新的识别系统为 CI 开拓了更为广阔的空间。

一、听觉识别

听觉识别（Audio Identity，AI），是根据人们对听觉、视觉记忆比较后得到的一种 CI 方法，是通过听觉刺激传达企业理念、品牌形象的系统识别。很多产品的系列电视广告片，他们每版广告的背景音乐或者主题音乐甚至语音、语调、语感、语速都有着惊人的相似，作为观众或听众，你只要一听到这种音乐或者话语，甚至不必去看画面，就会想到大约又是某某商品在做广告了。由此可见，听觉刺激在公众头脑中产生的记忆和视觉相比毫不逊色，而且一旦和视觉识别相结合，将会产生更持久有效的记忆。听觉识别的构成形式主要有：

(1) 主题音乐或歌曲。

这是企业的基础识别，主要包括：企业团队歌曲、企业形象歌曲。前者主要用于增强企业凝聚力，强化企业内部员工的精神理念；后者则主要用于展示企业形象，向外部公众展示企业风貌，以此增强其信任感。

(2) 标识音乐或声效。

(3) 广告语。

（4）商业名称。

二、情感识别

情感识别（Sensation Identity，SI），即是企业跳出单纯的产品特征诉求形式，树立品牌情感形象的识别方式。一个好的LOGO，除了好看的图形表现，还需要独特的创意概念。原创、富有识别记忆点、构思巧妙、或简约有力的标志，最能吸引人。一个好的品牌标志，是具有情感的，是会说话的。未来的品牌设计，已从功能性设计，进入情感化设计。一个打动消费者的标志，能传达出品牌背后有故事，在品牌和人之间，建立了一种情感关联。情感识别是企业跳出单纯的产品特征诉求形式，树立品牌情感形象的识别方式。情感诉求是现代企业与消费者之间沟通的必要方式，是赋予企业和其产品以个性化、人性化的过程。将情感化的信息通过多元化的传达形式，表现企业对消费者、社会、环境的关注及态度，是强化消费者对其形象感知认识的重要过程。

奥巴马竞选LOGO设计是一个太阳在美国国旗的红色条纹中冉冉升起的图案，"代表了一种向上、充满希望和变化的新时代"，具有很浓的情感识别，它的指向是未来，如图6-5所示。

图6-5 奥巴马竞选标志设计及应用

三、动态识别

动态识别（Dynamic Identify，DI），传统的CI设计是静态的，以标准化的图形和色彩作为视觉传达的要素。20世纪末，数字化媒体的蓬勃发展使得信息传播环境发生了质的变化。将声音、图像、文字、色彩等结合起来，以运动形态作为视觉传达的特征和方式。具有多媒体、交互式的动态识别系统正在逐渐的被人们接受和使用。利用视频媒体和网络媒体的形象传播形式也逐渐形成规模，并且成为企业形象设计规划中重要的内容。

企业的生存之道，要紧紧围绕企业品牌推广策略，无论何种营销方式，都是对自己企业品牌的植入传播，而网络时代为企业品牌的发展提供了更广阔的空间，同时也提供了全新的传播形式，网络已经成为品牌口碑传播的阵地。品牌推广，塑造企业品牌形象，进行品牌营销。一个优秀品牌的建立不但要有较高的知名度，同时还要有较好的美誉度。信息化时代，搜索引擎的使用是四亿网民每天上网必经的过程，要让您的品牌被大家所熟知，首先必须让自己的产品和服务在搜索引擎的展现上出类拔萃。

互联网时代产生了大量新兴的网络品牌。Google公司的第一个搜索引擎实现了用户用文本在网络上搜索资料的愿望，后来，又有了通过手机用语音进行搜索的功能。现在，Google公司宣布，他们研发出了新的搜索模式：让使用者可以通过上传图片对相关的景物或者资料进行查询。随着中国网络营销的发展壮大，中国企业对网络营销人才的需求不断加大。网络营销相关岗位的需求与日俱增，随之而来的是带来了巨大的机会。同时，也对技能有了新的要求。在互联网时代环境下还提出了新的要求。主要表现在：

1. 互动性

每个人都有表达自己的愿望，都有参与到一件事情的创建过程中的愿望。一个人付出比给予他更能让他有参与感。用户体验就是让用户在精神物质方面感觉爽。也就是说，任何商业模式的根本都是用户，都是让用户满意。互联网通过展示商品图像，商品信息资料库提供有关的查询，来实现供需互动与双向沟通。还可以进行产品测试与消费者满意调查等活动。互联网为产品联合设计、商品信息发布以及各项技术服务提供最佳工具。

2. 丰富性

互联网的信息传递和获取比传统方式快了很多也丰富了很多。这也是为什么PC取代了传统的报纸电视，而手机即将取代PC机——信息获取更便捷。互联网被设计成可以传输多种信息的媒体，如文字、声音、图像等信息，使得为达成交易进行的信息交换能以多种形式存在和交换，可以充分发挥创造性和能动性。

3. 娱乐性

移动智能终端的普及，正在改变人们的娱乐生活。尤其是大屏智能手机市场占有率的增加，Pad的流行，解决了小屏幕移动终端体验不佳的缺陷，另外依靠其丰富的自有功能（语音、拍照、重力感应器、陀螺感应器、GPS导航等）和应用市场中不断增多的娱乐类Apps，移动智能终端的娱乐化体验效果正在得到增强。

品客薯片就曾做过一次App营销，用来针对酷爱音乐、想组建乐队的学生群体。其借助iPhone和iPad所具有的三轴陀螺仪，在App里把左右摇晃、前后摇晃等特殊动作设定成了每个不同的音效（如电吉他音效、木吉他音效、摇滚鼓音效）。几个学生在自己的苹果设备上下载这款App后，都会从App里分配到一个乐器，选到星星的人就要在设备上连上扩音器，扮成主唱的角色，这样一来，一个"虚拟"的品客乐队就轻松诞生了！高度符合品客目标用户，即是年轻人（尤其是90后和00后）的喜好。随着移动智能终端

企业形象设计

内置功能的增多,移动营销创意表现力的增加,关于移动营销的互动娱乐方式会更加新颖、更具感观表现力,如图6-6所示。

视觉形象通过不同的形式语言传达出的情感与内涵是不同的。柔性的、舒适的设计给人人性化的、亲和的和轻松的感觉;直线、简洁的图形能体现企业精英性和经典性,体现企业的实力和严谨的态度。以英文字体为主体的品牌形象,我们可以体会到形式语言与设计表达的微妙关系。大写字母的字体标志视觉上有大气的感觉,小写字母常常给人谦虚和现代的感觉并且识别性较强。

第六节 设 计 实 例

一、设计师Chen Fan公司品牌形象(见图6-6)

图6-6 设计师Chen Fan公司品牌形象及应用

二、KooDoo 餐馆品牌视觉形象识别（见图 6－7）

图 6－7　KooDoo 餐馆品牌视觉形象识别及应用

参 考 文 献

[1] 王受之. 世界现代平面设计史[M]. 北京：中国青年出版社，2002.

[2] 李砚祖，芦影. 视觉传达的历史与美学[M]. 北京：中国人民大学出版社，2000.

[3] 葛鸿雁. 视觉传达设计[M]. 上海：上海书画出版社，2000.

[4] 高中羽. 形象力[M]. 哈尔滨：黑龙江美术出版社，2000.

[5] Ronnie Lipton，陈君，译. 信息化平面设计[M]. 北京：中国青年出版社，2003.

[6] 尹定邦. 图形与意义[M]. 湖南科学技术出版社，2001.

[7] 孙盈盈. CI设计中的辅助图形设计研究[D]. 南京：南京艺术学院，2004.

[8] 靳津强. 真善美的企业形象设计[J]. 《装饰》杂志，1999，5.

[9] 郊琼. 初探信息时代高校的CI设计教学[J]. 美术大观，广西师范大学美术学院，2006，10.

[10] 群芸. 浅析CI设计中中国传统文化要素的融入[J]. 艺术空间，2013.

[11] 云双庆. CI设计[M]. 北京：中国青年出版社，2009.

[12] 周莉. 标志与VI设计[M]. 上海：上海交通大学出版社，2007.

[13] 陆峥，许澜波. 标志的设计与管理[M]. 上海：上海科技教育出版社，1995.

[14] [日]百石和也. 视觉传达设计史[M]. 王传杰，译. 北京：机械工业出版社，2009.

[15] 石千里，姚政邑. 新概念标志设计[M]. 北京：中国传媒大学出版社，2012.

[16] 王绍强. 品牌中的色彩[M]. 北京：中信出版社，2012.

[17] 牧婧. 当今标志设计的发展趋向及方法探究[D]. 清华大学，2007.

[18] 朱琪颖. 企业形象设计[M]. 南昌：江西美术出版社，2006.

[19] 吴国欣. 企业形象设计[M]. 上海：上海画报出版社，2008.

[20] 肖虎，姚政邑. 新概念CIS设计[M]. 北京：中国传媒大学出版社，2012.

[21] 王绍强. 品牌中的色彩[M]. 北京：中信出版社，2012.

[22] 日本G社编辑部. 国际品牌设计2[M]. 北京：中国青年出版社，2006.

[23] 陈金栓. 基于本科层次的《CI设计》课程教学研究[J]. 武汉：长江大学学报（自然版），2011.

[24] 试论色彩、图形、文字在平面设计中的运用[J]. 马方春艺术百家，2011，2.

[25] 如何在平面设计教学中培养学生的能力[J]. 江杰冰教育教学论坛，2010.

[26] 杨云龙. CI神话不曾破灭——PAOS流的创始人中西元男与华嘉机构总裁易建湘关于CI发展的对话[J]. 科技智囊，2004.

[27] 凯文·莱恩·凯勒. 战略品牌管理[M]. 李乃和，译. 北京：中国人民大学出版社，2003.

[28] 百度. www.baidu.com.

[29] 视觉中国. www.shijue.me.

[30] 品牌特区. www.brandsar.cn.

[31] 嗨，品牌. www.hiibrand.com.